洛 克

西方思想家评传丛书

Locke

［英］爱德华·乔纳森·洛 著　　管月飞 译

目 录

序言 …………………………………………………… 1
致谢 …………………………………………………… 3
年表 …………………………………………………… 4

第一章　生平和著作 ………………………………… 1
　　洛克的生平和时代 ……………………………… 2
　　洛克的著作 ……………………………………… 7
　　洛克著作的当代影响 …………………………… 13
　　小结 ……………………………………………… 18
　　拓展阅读 ………………………………………… 18
第二章　知识和经验 ………………………………… 20
　　洛克对先天观念的抛弃 ………………………… 21
　　洛克的经验主义版本 …………………………… 29
　　洛克的感知觉理论 ……………………………… 32
　　洛克是间接实在论者吗？ ……………………… 35
　　洛克对第一性质和第二性质的区分 …………… 44

洛克对知识的解释 …………………………………… 47
　　　小结 ………………………………………………… 53
　　　拓展阅读 …………………………………………… 53
第三章　实体和同一性 …………………………………… 55
　　　洛克的《人类理解论》中的实体和样式 ……………… 56
　　　洛克与斯蒂林弗利特的通信 ………………………… 60
　　　洛克对实体解释的进一步困难 ……………………… 63
　　　马丁对洛克的基质的解释 …………………………… 67
　　　实体和实在本质 ……………………………………… 73
　　　洛克论数和一的观念 ………………………………… 76
　　　洛克论同一性和人格同一性 ………………………… 82
　　　小结 ………………………………………………… 91
　　　拓展阅读 …………………………………………… 92
第四章　语言和意义 ……………………………………… 94
　　　洛克对语言的解释 …………………………………… 95
　　　洛克对读写能力偏见的回应 ……………………… 100
　　　洛克和私人性的问题 ……………………………… 107
　　　观念在思维中的必要角色 ………………………… 113
　　　对一些反驳的回应 ………………………………… 116
　　　小结 ………………………………………………… 119
　　　拓展阅读 …………………………………………… 120
第五章　能动性和意志 ………………………………… 122
　　　洛克论自由行动和"意志的自由" ………………… 123
　　　洛克论因果关系、意志作用和自主行动 ………… 130
　　　洛克和"反常因果链"问题 ………………………… 134
　　　非自主性和充分性要求 …………………………… 140
　　　人格、人格同一性和自由行动 …………………… 147
　　　小结 ………………………………………………… 151

拓展阅读 ·················· 152
第六章　自由和宽容 ················ 153
　　自然状态和人的本质 ············· 155
　　社会契约和经过同意的政府 ·········· 161
　　洛克的财产和财产权理论 ··········· 171
　　反抗的权利和政治义务的局限性 ········ 180
　　宗教宽容 ·················· 183
　　小结 ···················· 187
　　拓展阅读 ·················· 188
第七章　遗产与影响 ················ 189

术语表 ······················ 195
参考文献 ····················· 200

序　言

在这本书中,我的目标是详述和评价约翰·洛克哲学观点的代表性例子,关注他的著作的某些主要领域,我认为它们一直具有持久的兴趣和重要性。由于洛克的文献作品数目极大,同时他的哲学关切范围非常宽广,我就集中于他的理智体系的核心:他的知识论、形而上学、心灵哲学以及语言哲学——它们发展于他的《人类理解论》——和他的政治哲学,它出现在他的《政府论第二篇》中。不过,在第一章,以及必要时,在后来的章节中我也提到一些洛克的其他有影响的著作。例如,考虑到其对阐明洛克的一些形而上学观点的重要性,在第三章中我讨论了他的已出版的与爱德华·斯蒂林弗利特(Edward Stillingfleet)的通信。在第六章中,我在洛克政治理论的语境中讨论了他的第一封《论宽容的一封信》。我应该强调,现在的这个研究并不自诩要成为对洛克哲学的全面解释,即使就其所覆盖的他的著作的那些领域而言也是如此。我认为,有深度地讨论某些选定的问题要胜过试着肤浅地涉及更多的内容。同时,通过从他的著作的差异非常大的领域中选择要讨论的问题,以及表明洛克对它们的处理是如何仍然紧密关联的,我希望能够传达他的一般哲学方法的某种程度上的系统性。我也使用了第一到第七章的一些部分来给出他的著作的更宽泛的概观。

近年来,已经出现了几本关于洛克哲学的具体方面的好的研究书,以及一些探讨他的生平和著作的更为概括的研究。现在的这本书在许多方面与众不同。第一,它包括了对洛克个人史和理智发展的说明,这是假定其读者可能对 17 世纪英国的政治生活和理智生活的一般状况并不一定熟悉。第二,它不要求读者非常了解对洛克哲学的评价和相关的今天的哲学争论、学说和术语。第三,在许多个别的问题上,它提出的对洛克观点的解释和其他那些近来的评论者们和学者们的解释有相当大的不同。它在任何意义上都不是我本人先前的书即《洛克论人类的理解》的竞争者,虽然在很多方面它的确补充了那本书。先前的那本书专门集中于《人类理解论》,企图通过那个特定的文本来为其读者指路。在现在这本书里,我也关心洛克著作的其他方面,尤其是他的政治哲学,同时在我选择的需要专注的主题上更加精挑细选。然而,在这里我的确是利用这个机会来发展、修改或进一步辩护我在先前那本书里提出的一些对洛克观点的解释,也以一种容易获得的形式提出自从那本书出版以后我一直在研究的洛克哲学的另外著作的结果。

我的主要意图是,这本书应该提供某种特别适合学生和一般读者需要的东西。他们是洛克哲学的初学者,几乎没有什么关于学术哲学和洛克学问最近发展的专门知识。因此,它可以用作哲学和相关学科的本科学生的洛克思想的一般导论。同时,我也包括了这样一些材料,我希望洛克学者、哲学史家和关心洛克思想影响的当前争论的哲学家们对它们会有某种兴趣。为了非专业读者起见,我在本书的末尾包括了一个哲学术语表。这解释了某些重要的术语的意义,它们在洛克的著作中或在对洛克哲学的讨论中经常反复出现或扮演重要角色。在每一章的后面,我提供了一些拓展阅读的提示。书的末尾还有一个合并了的参考文献。

致　谢

在写这本书时,我在许多地方利用、改写或者发展了近年来在别处已经付梓的我的著作,其中大部分是在杂志的文章中,本书的一些读者可能会发现不是很容易得到它们。我很感谢有关的编辑和出版商允许我做这件事情。在第三章中,我改写了"洛克、马丁和实体"(哲学季刊,2000 年第 50 期,第 499—514 页)和"同一性、个体性和统一性"(哲学,2003 年第 78 期,第 321—336 页)这两篇文章中的材料。在第四章中,我依赖于我在《经验的主体》(剑桥:剑桥大学出版社,1996)第六章中首次提出的对洛克语言观的解释。在第五章中,我利用了"洛克:相容主义的事件－因果论者还是自由主义的实体－因果论者?"(哲学和现象学研究,2004 年第 68 期,第 688—701 页)这篇文章。

我要感谢丛书编辑布莱恩·赖特(Brian Leiter)和劳特里奇的托尼·布鲁斯(Tony Bruce)鼓励我写这本书,感谢他们,也感谢三位匿名的读者就本书的内容提出了非常有帮助的建议。

年　表

- 1632 年　洛克出生于萨默塞特郡的灵顿。
- 1647 年　洛克进入威斯特敏斯特学校。
- 1649 年　查理一世在伦敦被处决。
- 1652 年　洛克进入牛津的基督教会。
- 1656 年　洛克以牛津大学文学学士身份毕业。
- 1658 年　洛克以牛津大学文学硕士身份毕业。
- 1660 年　斯图亚特王朝复辟,洛克被推选为基督教会希腊语讲师。
- 1662 年　洛克被选为基督教会的修辞学讲师。
- 1663 年　洛克被选为基督教会的道德哲学检察官。
- 1665 年　伦敦瘟疫爆发;洛克被任命为沃特·范爵士去布兰登堡执行外径任务的秘书。
- 1666 年　伦敦发生大火;洛克会见安东尼·阿什利·库伯。
- 1667 年　洛克开始和著名的物理学家托马斯·西登汉姆合作。
- 1668 年　洛克监督了莎夫茨伯利的重要的肝部手术;洛克被选为皇家学会的会员;洛克成为卡罗莱纳州贵族领主们的秘书。
- 1671 年　洛克开始从事《人类理解论》早期草稿的写作。
- 1673 年　洛克被任命为工业委员会的秘书;莎夫茨伯利被查理二世解除大法官的职务。
- 1675 年　洛克被牛津大学授予医学学士学位。

1675–1679 年　洛克在法国游历。

1679 年　莎夫茨伯利暂时重获枢密院大臣这一公职。

1680 年　罗伯特·费尔默的《君权论》死后出版;死刑法案被上议院驳回。

1681 年　莎夫茨伯利因为叛国罪被捕并被囚禁于伦敦塔内,但是后来获释了。

1682 年　莎夫茨伯利流亡荷兰。

1683 年　莎夫茨伯利死于荷兰;黑麦屋密谋被发现;洛克逃往荷兰。

1684 年　洛克被基督教会开除学生身份。

1685 年　查理二世去世,他的弟弟詹姆斯二世继承王位。

1688 年　詹姆斯二世被解除王位,并在革命法案中为奥伦治的威廉和他的妻子玛丽所取代。

1689 年　洛克从荷兰回到伦敦;《人类理解论》、《论宽容的一封信》以及《政府论两篇》出版。

1691 年　洛克搬到埃塞克斯的奥茨,弗兰西斯和玛莎姆夫人的房子。

1693 年　《关于教育的一些思考》出版。

1695 年　《基督教的合理性》出版。

1696 年　洛克被任命为贸易部的委员。

1697 年　《给乌斯特主教(爱德华·斯蒂林弗利特)的一封信》出版。

1700 年　洛克辞去贸易部委员的职务;《人类理解论》第 4 版出版。

1704 年　洛克死于奥茨,葬于埃塞克斯郡的高盆(High Laver)教会墓地。

第一章　生平和著作

当约翰·洛克的众多被遗忘已久的同时代人的著作在图书馆的书架上堆积尘土，当17世纪英国历史在公众的想象中被还原为几个迷人的或血腥的事件时，为什么今天我们竟然还应该对他的生平和哲学著作感兴趣？一个很好的理由是，尽管起初无名，但是洛克对他自己那个时代以及后代思想家们的影响却是巨大的，而且在今天还是特别的强烈——以至于事实上，很多目前的哲学争论如果不考虑他的著作及其影响就不可能得到恰当的理解。另一个理由是，洛克对许多重要的哲学问题的解答依然是我们所拥有的最好的解答之一。这就是我在本书的后面章节中将要试图证明的主张。但是，在现在这章里我将主要关注洛克的生平和时代,把他的著作放在其历史的情境之中。

洛克的生平非常丰富,而且有趣。因为,尽管他的出身相对低微,但是他不仅有幸经历了英国政治史和思想史中的一些最重大的事件和发展,而且还为它们中的许多事件作出了重要的贡献。毫无疑问,他的才智、求知欲、敏锐、抱负、义务感和品格的力量使他为这一角色作了极好的准备。但是,他的成功不可避免的也有运气的关系,因为他生活的那个时代以及他去的那个圈子都是危险的,不断地受到战争的危险、疾病、宗教冲突和政治阴谋的困扰。非常了不起的是,他抽时间写出这么多具有持久哲学价值的著作,而我们自己的好运则是,他写的这么多著作被一直保留下来,包括大量的他的内容广泛的书信,其中许多是和他那个时代的知识界人物和政治人物的通信。我将在适当的时候多说说洛克文学作品的领域和当代影响,但是首先我要概述一下主要事件以及他的生平的环境。

洛克的生平和时代

1632年,洛克出生于英国西南萨默塞特郡的灵顿这个小村子。他的父母是约翰(1606 – 1661)和阿格尼丝(1597 – 1654)。他出生的那座小房子是他的祖母的家,现在不再存在了,因为它在19世纪末就已经被毁。然而,他在其中长大的那个房屋——离他的出生地几英里远——要更大些,就是在原址上建起来的。他的父亲是个财产较为宽裕的人,因为他是辩护律师和小地主。家庭的土地带来了租金,这帮助洛克在后来的日子里维持一笔私人收入来源,但是这从未使他变得富有,即使是在有其他收入加以补充的时候。洛克终身不乱花钱,这倒不是因为他吝啬,而是他珍视由不用劳动而得来的收入所赋予的自由。

在洛克出生的时候,斯图亚特王朝的查理一世(1600 – 1649)是英格兰的国王——也是苏格兰的国王,这两个王位统一于查理的父亲詹姆士一世(1566 – 1625)身上——英国的政治正在进入一个动荡的时期,这个时期直到洛克1704年去世前不久才告结束。正如我们将要看到的那样,洛克本人在政治的发展中适时地扮演了一个重要的角色。但是,这一点几乎不可能被预料到,即当得到他的父亲的有权势的盟友的赞助支持时,洛克巩固了在威斯特敏斯特学校(Westminster School)的地位,它是当时这个国家里最好的学校。洛克在威斯特敏斯特学校上学,就在这时,即1649年,查理一世在附近的白厅(Whitehall)被斩首了——然而,这个事件小学生们是被禁止参加的。洛克在威斯特敏斯特所受的教育是严格的,但是却是狭隘的,主要包括认真研究拉丁文和希腊文。饮食起居制度很严厉,惩罚很厉害,包括经常抽打学生。但洛克是个刻苦的学生,并且得到了牛津大学的基督教会的奖学金,从而成为这所大学的学生。

在英国历史的这个时期中,政治和宗教作为上一个世纪宗教改革和在位的斯图亚特家族的脆弱执政所产生的巨变的后果而错综复杂地交织在一起。洛克从他的父母那里继承了强烈的清教信仰,这对他将来的理智发展和政治忠诚产生了很大的影响。正是这种忠诚使他为基督教会的奖学金付出了代价,并且导致在1683 – 1689年间从这个国家流亡。但是也正是这段流亡时期,对于作为哲学家的洛克来说是最有收获的,《人类理解论》(*An Essay Concerning Human Understanding*)、《政府论第二篇》(*Second Treatise on Government*)以及《论宽容的一封信》(*A Letter on Toleration*),所有这些著作都是首次出版于1689年。

1656年,在再次以古代语言及其文学为中心的传统学习课程之后,洛克被牛津大学授予文学学士学位。由于留在牛津,洛克于是更加深入地从事哲学的和神学的研究,然而没有为他的学院完成教学和行政职责。这时候,他的政治观点与他后来相比明显要保守得多而更少自由。逐渐地,他的理智兴趣扩大到包括医学,他对医学的迷恋后来由于和著名的物理学家托马斯·西登汉姆(Thomas Sydenham, 1624-1689)的联系而加深。由于受欧洲大陆的天文学家和物理学家诸如意大利人伽利略·伽利莱(Galileo Galilei, 1564-1642)和荷兰人克里斯蒂安·惠更斯(Christiaan Huygens, 1629-1693)的经验主义方法和发现的鼓舞,牛津当时成为科学革新的中心。

洛克长期渴望成为一名医学博士,但是并没有为授予这个学位而准备向牛津大学递交这个过时的请求。他最终在1675年被授予更低级别的医学学士学位。然而,那时他的医学知识早已引起他的境况和前途的深远变化。这个事情的发生是由于非常偶然的机会,他遇到了当时最重要的辉格党政治人物安东尼·阿什利·库伯(Anthony Ashley Cooper, 1621-1683)。他们首次相遇在1666年,那个时候,就要在未来的几个世代里支配英国政治生活的辉格党和托利党之间的议会党派分裂此时正在形成。

洛克和阿什利勋爵——不久就于1672年成为莎夫茨伯利伯爵一世(the first Earl of Shaftesbury)——的联系,毫无疑问是他的生涯中的最重大的发展。莎夫茨伯利对查理二世的影响非常之大,直到1673年被国王解职,虽然他在1679年曾短暂复过职。从这个时候开始,英国的政治被王位继承权的问题所极大地困扰。因为查理二世没有任何婚生子女(legitimate child),而他的兄弟和继承人詹姆斯二世(1633-1707)又因为公开向罗马天主教表示忠诚而声名狼藉。辉格党政治人物像莎夫茨伯利及其圈内人,包括职位小的洛克,想由议会通过一个法案来阻止詹姆斯继承王位,查理二世及其朝臣非常反对这一动议,他们关心的是要使斯图亚特这一支永恒化以及使王权独立于议会。此时,皇权仍然是相当的大,像莎夫茨伯利的反对是极端的危险。在对他提出叛国的指控后,莎夫茨伯利本人于1682年逃到荷兰,但是他在1683年初返回,不久去世。

这个时候,洛克仍旧和莎夫茨伯利的圈中人联系紧密,因此他本人的处境也相当危险。政府的探子密切地注视着他的各种活动,特别是寻找任何有害信件和煽动性著作的证据。然而,洛克非常仔细地掩盖他的踪迹。1683年夏,黑麦屋密谋(the Rye House plot)这一事情到了危急关头,当时莎夫茨伯利圈子的重要成员——阿尔吉农·西登尼(或西登尼,Algernon Sydeny,1622–1683)、威廉·罗素勋爵(Lord William Russell,1639–1683)和埃塞克斯伯爵(the Earl of Essex,1631–1683)——试图绑架和刺杀查理二世和他的兄弟,他们三个人都因为叛国罪被逮捕,其中两个人随后就被处死。阿尔吉农·西登尼被指控和处死,部分是因为他秘密写的一本政治论文的力量,质疑国王统治他的臣民的神圣权利——洛克这个时候也一直在研究这个主题,因此最终导致了1689年他的《政府论》两篇的出版。虽然没有直接卷入到黑麦屋密谋中去,但是洛克现在更加受到怀疑,于是他在1683年9月逃到荷兰,直到1689年他才从那儿返回英国,他幸运地度过了那段流亡时期。1688年革命事件之后——在灾难性的三年统治之后解除了詹姆斯二世的王权,王权传给了荷兰的奥伦治亲王威廉(Dutch Prince of Orange,William,1650–1702)——查理一世的曾孙,他的妻子玛丽(1662–1694)是詹姆斯二世的大女儿。随着新教徒威廉和玛丽的统治,开始了辉格党在英国政治中的长期支配。这一政体正好和洛克自己的政治信念和宗教信念相一致。

在他的最后一些日子中,即从他于1689年返回英国直到1704年他去世,洛克得到了许多公众的尊敬和皇室的称许,但是此时的这些称许还不包括1689年晚些时候出版的他的《人类理解论》所带来的伟大的理智声望。他担任了许多官职,比较有名的是作为商业部的委员(a Commissioner of the Board of Trade),在那里他负责美洲殖民地的事务,并且为经济改革和金融改革做出了重要的贡献。然而,需要参加在威斯特敏斯特的会议损害了他的健康,因为他患上了慢性哮喘,而这种哮喘又因为17世纪伦敦的空气污染和冬天的大雾而加剧。在此之外,虽然他由于公职的荣誉而受到恭维以及因为附带的可观薪水而感到高兴,但是他在生命的晚年里最大的愿望仍就是追求他的学术兴趣和理智兴趣。他的国际声誉也给他带来了日益增长的通信压力。

最终,洛克到了奥茨(Oates),他的朋友弗兰西斯爵士和玛莎姆夫人在埃塞克斯的家。奥茨成为了洛克的长眠之地。1692年,他们在奥茨乡村的一块地方给他提供膳宿,那儿的气候比伦敦更有益健康,但是离首都有一天的马车路程。玛莎姆夫人(Lady Masham,1658–1708)为达玛丽斯·卡德沃思(著名的剑桥哲学家拉尔夫·卡德沃思的女儿)所生,她和洛克既是思想上的对手又是朋友,而且她本人又是许多公开发表的著作的作者。在健康状况经过一些年的逐渐恶化后,1704年,72岁的洛克在奥茨的房间里带着极大的心灵满足去世。他被葬在当地的教堂,上面谦虚地刻着他自己用拉丁文撰写的墓志铭。他去世的那个屋子很早以前就被拆毁了。

洛克未曾结婚,虽然他有许多像达玛丽斯·卡德沃思(Damaris Cudworth)这样的女性朋友,并且他很尊敬这些女性的理智性质,洛克的这些品质在那个时代的男人身上是很少见的。由于没有自己的孩子,他非常喜欢她们,并且在促进她们对于教养和教育的更加人性的和更加理性的态度诸方面对她们影响很大——他似乎从未忘记在威斯特敏斯特学校所经历的严酷对待。在性格上,他有点儿内向和忧郁,但是他也决不厌恶热闹。他喜欢聊天,但是在饮食习惯上很有节制。他是个多产的写信人,有非常多的朋友和熟人,既有欧洲大陆上的,也有英国的和爱尔兰的。如果说他的性格中有一个特殊的缺陷的话,那么就是在回应对他的著作的批评时有一点易怒,甚至在那个批评的用意是建设性的时候也是如此。虽然他思考的都是学术问题,但是洛克还是被他的政治信仰和宗教信仰所强烈地推动——尤其是被他对自由和宽容的关切所推动——并且非常有幸生活在这样一个时代,在他这个时代在哲学兴趣的学术追求和公共争论以及政治原则和宗教原则的应用之间还没有任何大的分裂。因此,他高兴地活到看见他的一些最强烈的信仰在公共政策中得以实现,而这部分地是由于他本人的著作以及参与公共事务的结果。

洛克的著作

洛克最伟大的思想成就无疑是《人类理解论》。1689年12月,它首次发表,虽然第1版的扉页印上的日期是1690年。这书从17世纪70年代初期开始写作,其最主要的部分是1683—1689年他在荷兰的流亡期间完成的。其后洛克一直忙于完善《人类理解论》的这些手稿。在第1版之后,他继续修订《人类理解论》,并且在他去世前还指导过另外三个版本的修定工作。1700年的第4版因此就代表了他的最后观点,也是今天研究得最仔细的版本。

《人类理解论》主要关心今天被称作认识论或知识论,形而上学,心灵哲学和语言哲学中的问题。正如其书名所暗示的那样,这本书的目的是要从对人类心灵运作的考察中发现我们能够理解关于自己生活于其中的宇宙的东西。洛克的论点是,人类知识的所有"材料"都产生于经验,就是说,产生于他称之为我们的感觉观念和反省观念的东西。感觉为我们提供外部事物及其性质的观念,而反省——如今更常被叫作内省(introspection)——给我们提供我们自己精神活动的观念。洛克认为,这些观念通过我们的抽象和理性能力的作用产生诸如我们可以希望获得的真知识。除此之外,他承认,我们还有其他的信念来源——例如,他人的证据,以及也许还有神启——但是他认为这些种类的信念仅仅拥有某种程度的或然性,缺少他认为对于真知识必不可少的确定性。

在这一点上,简要地概述一下《人类理解论》可能有所帮助。整本书由四卷构成,每一卷都包含许多章节,它们又细分为编号的部分，所以这已经成为一种标准的作法，即用段落出现于其中的卷、章和节来确定它们在书中的位置——例如，"第二卷，第八章，第六节"，或者，更简洁一点，"二，八，六"——这也是我将要采取的方法。第一卷"论先天观念"致力于攻击先天观念学说，和洛克本人的观点相反，这一学说暗示我们的多数知识都是独立于而且先于经验的。在第二卷"论观念"中，洛克试图详细解释感觉和反省如何能够在实际上提供我们的知性的所有材料，甚至包括诸如实体、同一性和因果关系这些表面上看起来是抽象的观念，洛克的许多反对者们认为它们都是自明的、先天的。在第三卷"论词语"中，洛克发展了一种对据他看来语言如何在我们的观念交流中帮助和阻碍我们的解释。最后，在第四卷"论知识和意见"中，洛克提出抽象的过程和理性作用于我们的观念以产生真知识的各种方式，并且解释了，按照他的观点，这种知识不同于仅仅是或然性意见的原因。同时，他试着一方面确定理性和经验领域之间的适当边界，另一方面确定启示和信仰之间的适当边界。

　　洛克关于我们的理智能力的观点显然是谦逊的。同时，他对基督教宗教原则的真理性也抱有坚定的个人信仰。这看起来似乎和他的某些认识论学说中的温和的怀疑主义态度相冲突。事实上，他本人在这里并没有知觉到任何冲突——不像他的一些同时代的宗教批评者们那样——虽然他的确把我们的理智能力的适度范围看做是为宗教宽容提供了牢固的基础。他认为，理性一般并不与宗教信仰冲突，但是当理性提供不了任何明确的答案而产生宗教问题时，他认为通过法或政治的力量来强制信仰的一致既是非理性的又是不道德的。的确，非常有趣的是，看起来，最初激发洛克去追求最终形成于他的著作《人类理解论》中那些研究的东西，准确地说，是一种解决理性和经验在确立道德真理和宗教真理时究竟能将我们带到多远的关切。他的经过深思熟虑的观点是，它们不可能把我们带到宗教真理，因为虽然他认为我们能够知道——实际上，（他认为)我们可以证明——上帝存在—但是他认为我们不能以同样的方式知道在不同的一神论宗教及教义的辩护者的争议中真理位于何处。另一方面,洛克相信道德真理和数学真理一样是可以证明的。

洛克对道德和宗教的关注与17世纪的政治哲学的问题密切相关,这一关注支配了他整个理智生涯和职业生涯的思维,虽然他没有像许多其他主要的哲学家所做的那样出版任何专门致力于道德的著作,所以他在这个主题上的成熟观点必定是从那些其主要焦点似乎在别处的著作中拾掇而来。他的最早著作(在世时未出版)是《政府论两册》(Two Tracts on Government, 1660—1661)以及《论自然法》(Essay on the Law of Nature, 1664),《政府论两册》中除第一册外都是用拉丁文写成的,虽然现在已经有了英文版本。然而,由于他和莎夫茨伯利的联系,使洛克在这些早期著作中所采取的关于政治自由和宗教宽容问题的立场比他后来支持的立场要保守得多。这在他的《论宽容的一封信》和《政府二论》中表现出来——二者都匿名出版于1689年,前者同时用拉丁文和英文两种文字,后者则只用英文。《政府论第二篇》明确承认臣民有推翻甚至是一个合法任命的君主的权利,只要他滥用他的委托权,虐待他的人民—如果这一手稿被政府的密探发现的话,那么几乎确定无疑会导致煽动叛乱的指控。《政府论第一篇》则是针对罗伯特·费尔默勋爵(Sir Robert Filmer)所写的攻击。阿尔杰农·西登尼,黑麦屋密谋的策划者之一,曾经部分地因为他所写的攻击费尔默著作的力量而被判煽动叛乱罪,所以任何人都能很好理解洛克在其飞往荷兰的前几年的守口如瓶和谨慎。

除了上面已经提到的著作外,洛克还出版了许多其他的著作,尤其是论宗教和教育主题方面的著作。《关于教育的一些思想》(Some Thoughts Concerning Education, 1693)是他在和他的朋友爱德华(Edward)和玛丽·克拉克(Mary Clarke)就他们的孩子的教育问题而进行的多年通信中所提建议的产物。这本著作出了许多版,证明它非常受欢迎，并在很长一段时间里对于那些更为开明的父母有影响。洛克对儿童的理智发展的兴趣在《人类理解论》中也容易看得出来，在那里它和他的关于学习和概念形成的经验主义原则有着直接的关联。《关于教育的一些思想》是论这个主题的一部经典著作，它给予洛克在启蒙思想家们关于儿童教养的传统中一个永恒的位置，这包括在他之前的米歇尔·蒙田（Michel Montagne，1533－1592）和在他之后的让—雅克·卢梭（Jean-Jacques Rousseau，1712－1778）。即使如此，洛克在这本著作中的一些话给那些今天阅读它的人以奇特而有趣的（quaint）以及温和的警告，正如当他说"第一件需要当心的事就是，儿童不要穿得太暖或盖得太暖，不管是冬天还是夏天……唯有使得身体结实，并且使其更能够经得起寒冷"（第5节）。虽然按照他那个时代的标准他是人文主义者，但是洛克却受到放纵的年轻人的强烈反对。他主要关心的是"年轻绅士"的教育，虽然这在历史语境中完全可以理解，但是也使他多少远离了我们现在关于教育事务的更为平等主义的观点。

洛克的明确的宗教著作包括《基督教的合理性》（*The Reasonableness of Christianity*，1695）和《圣保罗书信的释义和注解》（*Paraphrase and Notes on the Epistles of St Paul*，去世后出版，1705－1707）。前者是匿名出版的，像洛克的很多其他著作一样，但是遭到思想保守的批评者们的敌视，对于其中一些人洛克写文章作了回应。他也写了关于经济和金融方面的文章，这些和他参与的许多公共事务和政治事务有关，其中著名的是关于限制利率对贸易的有害影响以及关于纠正货币贬值的方法。在他的较不为人知的哲学著作中有一个是对法国哲学家，偶因论学说提倡者尼古拉·马勒伯朗士（Nicolas Malebranche，1638－1715）的批评，按照这种学说，所有被创造的事物都没有属于它们自身的真正的因果能力，唯有上帝才是它们的行为以及我们关于它们的知识的直接原因。洛克的这本著作取名为《对马勒伯朗士神父关于在上帝中观照一切观点的考察》（*An*

Examination of Pere Malebranche's Opinion of Seeing All Things in God)。这本著作的部分兴趣在于这样一个事实,即在马勒伯朗士的观点和乔治·贝克莱(George Berkeley,1685－1753)的观点之间存在着某些相似之处,贝克莱后来成为洛克本人体系的一个主要批评者(见麦克拉肯,1983)。其他的内容包括在洛克的著作集中(它们有许多版本),是他对爱德华·斯蒂林弗利特(Edward Stillingfleet,1635－1699)——当时的沃塞斯特主教的冗长答复,回答由斯蒂林弗利特提出的反对洛克在《人类理解论》中所辩护的关于实体的观点那些带有敌视性的批评。这个争议的宗教意义是,洛克的观点被怀疑威胁到三位一体学说。在洛克的著作集中还有一篇题为"论知性的行为"的长文,它最初是打算包括在《人类理解论》的一个后来的版本中。

从对洛克著作的这个简要的考察中,我们可以看到,虽然他的最重要著作都出版于他50多岁和60多岁期间(从1689年开始的一段相对较短的时期内),但是他的最终观点的确立却经历了一个成熟化的漫长过程,一直向后延伸到至少在那之前的30年。同时,尽管洛克的理智兴趣广泛,但是公正地说,《人类理解论》是他的所有著作的基石,为他所写的几乎其他一切提供了认识论和方法论的框架。确实,虽然洛克的著作集出了好多卷,而且他的卷轶浩繁的原始手稿也得以幸存下来,但是他作为最伟大的英国哲学家的名声主要还是依靠《人类理解论》这本书。在他的所有其他著作中,唯一在高度上接近它的是他的《政府论第二篇》,关于这篇文章我现在应该多说一点。

正如我早先提到的那样,《政府论两篇》首次匿名出版于1689年,就在洛克从荷兰返回后不久。洛克在世时从未公开承认他是这本著作的作者,虽然毫无疑问这就是他的著作,因为他的遗嘱附录讲得很清楚。看起来,这些论文是打算成为一部更大的著作的一部分,其余的部分却不幸丢失了。攻击费尔默的《君权论》的《政府论

第一篇》今天可能显得相当过时了,因为费尔默的观点现在看上去荒唐陈旧。但是我们应该记住,在费尔默和洛克写作的时代里,欧洲那些受过教育的人的观点仍旧包含了这个不成问题的假设,即整个世界仅仅是上帝在几千年前创造出来的,亚当是第一个人,这和《创世纪》中给出的圣经解释一致。我们也应该记住,基督教君主是否拥有行使对其臣民的绝对统治的神授权利这个问题是当时具有头等重要性的政治议题。

因为《政府论两篇》出版于 1689 年,它在 1688 年的革命法案(the Revolutionary Settlement of 1688)后不久出现,所以有时候人们假设它们是为了证实那个事件以及立宪君主制的制度,其中国王的权力受到议会权力的限制。然而,现在人们知道,洛克忙于这个手稿时是在 17 世纪 80 年代的更早时候,当时那些政治派别还在争论查理二世的罗马天主教兄弟詹姆斯成为王位继承人的适宜性问题。《政府论两篇》因此应该被置于那种情境之中来看待,并且作为对费尔默的专制主义小册子的直接回应,这个小册子带有挑衅性地出版于 1680 年——在其作者死后许多年了——作为对国王进行统治的神圣权利的辩护,它包括通过从亚当那里获得的家族血统以及根据父亲对儿子所享有的据称是不受约束的权威。

这些历史观点虽然很有趣,但事实是《政府论第二篇》至今仍然是一部具有持久哲学意义的著作。有时候有人暗示,它甚至还通过为差不多一百年后制定的美利坚合众国宪法提供最终的灵感而发生了重大的政治影响。然而,很难详细地去证实这个想法,即使真的说洛克在《政府论第二篇》中所捍卫的许多观点那时已经在具有自由主义思想的政治家们和政治理论家们中间普遍流传,他们当中许多人至少大体上熟知其主题和学说。洛克论政府和宽容的著作在美国革命期间被一些最重要的人物引用以支持诸如政教分离和没有代表权就不纳税(no taxation without representation)这些原则,这也不足以表明洛克的著作直接地鼓舞了或者影响了这些个别人的思维(见邓恩,1969)。毕竟,政治家们经常试图通过有选择地引用著名思想家的著作来给他们的观点增加分量或权威——到18世纪末的时候,洛克确实具有那个地位,虽然更多地是由于《人类理解论》的名声而不是别的任何东西。当然,不甚清楚的是,洛克按照他本人的原则会怎样为美国革命辩护。然而,这些告诫的言论无论如何不应该被看做是贬低作为对自由的政治哲学作出贡献的《政府论第二篇》的重要性,因为人们可能会对其他任何政治理论的经典著作作出相似的评论。这些著作的历史重要性不在于它们对个别的政客或政治家产生直接的影响,这些是典型地更多关心短期政治策略和日常决策的实际事务,而不是各种崇高的哲学原则的人。相反,它存在于它们对形成舆论的一般气候而作出的贡献,其中和他们的观念一致的政治政策就能够被一般群众买账。

洛克著作的当代影响

洛克的《人类理解论》从其首次出版那一刻起就引起了广泛的关注。这种现象的一个理由是它在当时的主要知识分子杂志中所获得的卓越名声——学术杂志在当时还是一个相对较为新近的现象。通过他的生涯的这一阶段,洛克在他长期逗留法国和荷兰期间建立了广泛的重要欧洲联系网络,他利用机会广为游历,结识了当时一些最有名的哲学家、科学家和神学家。他和许多这些有影响力的人们保持经常通信,因此,在他的观点付梓之前就已经作为一个重要的思想家获得了国际声望。

由洛克亲自准备的《人类理解论》的一个节本1688年发表于一本国际知名杂志(Bibliothèque Universelle)上,也即全文出版的前一年。许多当时的哲学家,包括莱布尼茨,都通过这种方式熟悉了洛克的著作。1689年的晚些时候全文第1版在伦敦出版,不久就获得了各种不同的拥有众多读者的杂志的好评。在1689年和1700年之间,洛克又准备了三个进一步详尽修订的版本。由洛克的友人皮埃尔·考斯特(Pierre Coste,1668–1747)翻译的法文译本出版于1700年,紧接着是拉丁译本,这两个译本在欧洲知识分子中间传播洛克观点方面至关重要。因此,很显然,从一开始《人类理解论》就已经被广泛认为是一部重要的哲学著作。

在刚开始时人们对《人类理解论》的反应有分歧,一些批评者们对它高度称赞,而其他人则怀有深深的敌意。有一段时间,敌意加剧,但是后来随着洛克在认识论和形而上学中的观点开始被更为广泛地接受,这种敌意便渐渐消退了。最初的敌意大部分是针对《人类理解论》的特征,一些人认为对宗教有害,言外之意,对道德有害,尤其是它的明显的怀疑主义气息及其对先天观念学说的否定。虽然洛克本人坚定地信仰新教,但是他还是受到一些支持索奇尼主义(Socinianism)的人的质疑,索奇尼主义是基督教信仰的一个非正统派。他们怀疑洛克否认三位一体学说——这个学说认为上帝三位一体,即圣父、圣子和圣灵合为一体——因此,否认耶稣基督的神性。似乎存在着这种指控的材料,尽管洛克从未明确承认其真实性。的确,洛克的神学观被认为和自然神论(deism)有着某种密切的关系,这种自然神论后来在18世纪启蒙知识分子中间广泛流传。自然神论是一神论的理性主义版本,它试图根除传统基督教信仰中的一切最神秘的和奇迹的特征——而它自己也在适当的时候发展为完全世俗的、无神论的世界观,很明显,无论好坏,这在今天许多西方知识分子圈子中已经被视为当然了。

洛克不可能为这种逐渐滑向无神论的作法负责,而且丝毫也不用怀疑他本人对基督教信仰的真诚,但是他的早期批评者们在这一点上可能是对的,即看出洛克强调理性和经验在人类知识的基础中的作用时对他们的宗教概念的威胁。在这种批评者中,爱德华·斯蒂林弗利特,沃塞斯特的主教,可能是最可怕的。他和洛克曾进行了一系列冗长的公开的观点交流,关于这一点我将在第3章中更多谈及。

对于我们今天的人来说要把洛克看做一个特别的怀疑主义哲学家也许很难,尤其是当我们将他和大卫·休谟(David Hume, 1711 – 1776)相比较的时候,后者1739年发表的《人性论》(A Treatise of Human Nature)在其方法上就是十分自觉的怀疑主义,的确怀疑洛克关于物质对象世界的实在论的绝大多数重要论断。洛克实际上与其说是怀疑主义的,倒不如说是反独断论的,特别是在关于建立在启示而不是建立在理性和经验基础上的宗教论断。但是,对于他那个时代的宗教独断论者们来说,这的确像是怀疑主义的,而且很危险。洛克对先天观念学说的攻击无疑增加了这些怀疑。这一学说的拥护者们认为,上帝的概念以及某些道德原则和宗教原则都是由上帝亲自植入我们的心灵中的,这让我们没有任何借口否认它们的真实性。因此,拒绝接受这一学说让许多人感觉到是在打开通往无神论和非道德的闸门。事实上,一切都没能超出洛克的意图更远。他攻击先天观念学说的动机,除了他认为它仅仅是错误的和没有根据的这一事实外,他还将其视作在社会上和在理智上对一切种类的蒙昧主义观点和权威主义观点的有害的支持。按照洛克的观点,上帝给予人类感觉器官和理性的能力以便发现这些知识——包括道德知识——因为我们需要拥有这种区分能力,因此就使先天观念变得多余了。在超越理性和经验范围的信仰问题上,他认为启示仅仅是私人的、个体的宗教信念的基础,要是通过教会或政府的权威来使其变得普遍可行就不但在道德上是错误的,而且在理智上也是错误的。

在《人类理解论》的当代哲学批评家中(和宗教批评家相对),有两个人值得特别提及:爱尔兰人乔治·贝克莱,他是克洛恩主教,以及德国博学家戈特弗里德·威廉·莱布尼茨(Gottfried Wilhelm Leibniz, 1646 – 1716)。贝克莱的大多数哲学,尤其是他的1713年的《人类知识原则》,可以看做是对洛克的反动。在攻击他视之为其怀疑主义的潜在性的东西时,贝克莱和《人类理解论》的其他基督教批评家们一样,但是和他们不一样的是,他集中在洛克本人认为他的立场中最少怀疑主义的部分——他的关于物质对象世界的实在论。贝克莱认为洛克的立场中对宗教的真正威胁存在于独立于任何心灵的物质世界——包括,至少是潜在地,上帝的心灵。他也认为把"实在的"世界看做是以某种方式被剥夺了颜色、声音、味道和气味所有这些感觉性质(它们是我们关于事物的直接经验的特征)——明显地把它变成了一个在虚空中运动的物质原子的无生命的王国——恰好是招致关于超越我们自己私人经验的所有事物的存在的怀疑。贝克莱对洛克的批评,虽然有时候是建立在看起来似乎是对洛克观点的错误的或苛刻的解释之上,但是他的确提出了一些难以回答的严肃的问题——即使贝克莱本人的"观念主义的"选择在我们看来可能还更难加以反驳。

和贝克莱不一样,莱布尼茨在洛克还在世时就批评他的观点,不论是在他本人的著作中,还是在他和其他哲学家的通信中。洛克熟悉其中的一些批评,但是似乎并没有为它们所动,尽管莱布尼茨在当时欧洲的知识分子圈子中已经相当出名。莱布尼茨甚至写了一本以对话形式逐章讨论《人类理解论》的扩展性著作,题目就叫作《人类理智新论》——但是他在得知洛克1704年去世时放弃了出版它的计划。然而,这本重要的著作还是适时出版了,它包含了许多对洛克观点的极具洞察力的批评,也阐明了莱布尼茨本人在许多问题上的看法。莱布尼茨的一些最显著的批评直接针对洛克对先天观念的攻击。莱布尼茨像在他之前的勒内·笛卡尔(René Descartes,1591 – 1650)一样,并不以任何权威主义的独断论或蒙昧主义的精神来为先天观念学说辩护,而是因为他认为人类知识和知性的某些根本组成部分并不像洛克相信的那样可以从感觉经验中获得。在回答洛克要求解释在何种意义上婴儿明显意识不到的知识可以被说成是"在"其心灵"之中"的挑战时,莱布尼茨准备采取一个惊人的现代认知概念,就是在很大程度上(把它)作为一个潜意识的过程——这个观点在我们自己的后弗洛伊德时代可能显得不像对于洛克的同时代人那样容易引起争论。有一部分人赞同笛卡尔的心灵概念,即对于自身来说它在各个方面都是透明的。

总之,我们看到洛克的《人类理解论》受到了他那个时代的最伟大心灵的特别注意,并且迅速获得了在西方哲学经典中的名声,并且自此以后它从未失去过这种名声。尽管一开始在牛津大学中被作为危险的材料而阻止学生们去阅读,但是不久它还是成为标准的教材,作为激进的甚至革命的著作而消除了它早期的恶名。正如经常发生在革命著作中的情形一样,一旦它们的信条被占优势的正统思想所吸收,《人类理解论》的学说最终开始显得十分保守,它们自己也变成后来的知识分子革命者们诸如休谟的靶子。

我专心于当代对洛克的《人类理解论》的接受,既是因为它作为西方哲学经典的永恒重要性,也是因为它所包含的观点是本书其余章节的主要关注点。再者,正是《人类理解论》巩固了洛克在他自己的时代作为欧洲最重要的思想家之一的名声。这并不是要否认,在洛克本人的时代他的许多其他著作也曾作为赞誉的对象而获得名声或作为批评的对象而得到恶名——虽然很难相信,要是它们不被知道或者假设是由《人类理解论》的作者写的,他们当中的一些人还会这么做。《政府论两篇》(其作者身份洛克一直保密到他去世)虽然是紧接在《人类理解论》之后那几年出版的,但是受到的关注就比它少得多,甚至在那之后很长时间里都是如此(见邓恩,1969)。不管怎样,虽然诸如《论宽容的第一封信》和《政府论第二篇》在哲学史中作为根源性的教材(seminal texts)被继续广泛地阅读,但是今天的读者要理解由诸如洛克的《基督教的合理性》这样一本书出版时所激起的兴奋和讨论,或者就其作者身份而引起的推测就更加有困难。这就是仅仅对我们现在生活于其中的非常不同的理智气候的反思,部分地是由于我们关于我们的认知能力以及我们所居住的物理宇宙的概念改变了——洛克的《人类理解论》在很大程度上促进产生了这一变化。我将在本书的最后一章考查洛克观点中的一些具有更长远后果的内容。

小　结

一个人如何来概括一个像洛克这样多才多艺的人生，或者像他的文学作品这样的多彩和影响力？几乎不可能想象一个相似的人物会出现在今天的西方社会中，在这里大部分政治家和哲学家都是狭窄地集中于他们自己的活动范围的职业教授，不管是通过选择还是通过经济的和制度的必然性。从相对卑微的开始，他上升为他那个时代首屈一指的哲学家之一，并且成为一些英国政治领袖人物的亲密知己和顾问。他的论认识论、形而上学和政治理论的著作具有持久的重要性，改变了欧洲思想的进程，为他正当地赢得了英国最伟大哲学家的称号。他是近代第一个把其研究集中在人类心灵的结构和形成上以洞察人类知识的对象和范围的西方哲学家。如果没有洛克的伟大杰作《人类理解论》所树立的先例，后来大卫·休谟在《人性论》以及伊曼纽尔·康德(Immanuel Kant, 1724 – 1804)在《纯粹理性批判》中的方案就可以说是不可思议的。

拓展阅读

Ayers, Michael 1991: *Locke* (London & New York: Routledge).

Chappell, Vere (ed.) 1994: *The Cambridge Companion to Locke* (Cambridge: Cambridge University Press).

Chappell, Vere (ed.) 1998: *Locke* (Oxford: Oxford University Press).

Cranston, Maurice 1957: *John Locke: A Biography* (London:

Longman).

Fuller, Gray, Stecker, Robert and Wright, John P. (eds) 2000: *John Locke: An Essay Concerning Human Understanding in Focus* (London & New York: Routledge).

Hall, Roland (ed.) 1970 –2000: *The Locke Newsletter*.

Hall, Roland (ed.) 2000 – : *Locke Studies*.

Hall, Roland & Woolhouse, Roger 1983: *Eighty Years of Locke Scholarship* (Edinburgh: Edinburgh University Press).

Harris, Ian 1998: *The Mind of John Locke*, revised edn (Cambridge: Cambridge University Press).

Jolley, Nicholas 1999: *Locke: His Philosophical Thought* (Oxford: Oxford University Press).

Lowe, E. J. 1995: *Locke on Human Understanding* (London & New York: Routledge).

Rogers, G. A. J. (ed.) 1994: *Locke's Philosophy: Content and Context* (Oxford: Clarendon Press).

Stewart, M. A. (ed.) 2000: *English Philosophy in the Age of Locke* (Oxford: Clarendon Press).

Yolton, John W. 1956: *John Locke and the Way of Ideas* (Oxford: Clarendon Press).

Yolton, John W. (ed.) 1969: *John Locke: Problems and Perspectives* (Cambridge: Cambridge University Press).

第二章 知识和经验

洛克习惯上被归为一个"经验主义的"哲学家,虽然这个标签——像所有的哲学标签一样——带有扭曲的危险,但是它的确有助于刻画其知识论或认识论的重要方法。洛克认为,人类知识和知性的所有"材料",如他所说的那样,都是以他称之为"观念"的形式产生于经验。

在提出这种主张时,他和他那个时代的一些主要实验科学家是一致的,坚决反对占支配地位的时间哲学学说和先天观念学说。按照这种学说,人类知识的某些根本成分是天生的,而不是通过观察、学习和推理的过程获得的——(说它们是)天生的是因为它们是按照上帝设计的那种人类心灵结构的一部分。就它们的假设的神圣来源而言,人类知识的这些成分在这种学说的坚持者看来是不可质疑的或不可怀疑的——其中许多人都对宗教人物或政治人物有着狂热的兴趣,通过这种手段,它们便被置于公众可接受的批评范围之外。洛克对先天观念学说的激烈反对无疑至少部分地为他对这种学说的憎恶所激发,这种学说为权威主义独断论提供了基础。然而,更重要的是,它刺激他去研究人类知识实际产生的机制,从而以他的《人类理解论》的形式产生了现代第一个对人类认知心理学(cognitive psychology)的持续的和体系性的解释。在解释和评价洛克对先天观念学说的哲学反驳之后,我将试着理解和评价他的《人类理解论》中的正面的认识论方案的主要特征。

洛克对先天观念的抛弃

按照这种先天观念学说,如它在 17 世纪被广泛地理解和采纳的那样,上帝在人类灵魂的开端处已于其上印刻了一些具有逻辑的、形而上学的和道德本质的根本观念——包括他自己的观念——按照这种观点,人类能够拥有关于上帝存在、他的道德法则及其所创世界的许多特征的某种知识。但是洛克是一个虔诚的基督徒,坚定地相信上帝的存在。那么,他为什么还要如此敌视先天观念学说呢?一个理由是,他相信他那个时代的伟大实验科学家们——像伊萨克·牛顿、罗伯特·波义耳、罗伯特·胡克以及克里斯蒂安·惠更斯已经发展了最富成果的发现自然世界真理的方法,亦即系统观察和实验的方法。皇家学会(the Royal Society)的早期成员们,到洛克的《人类理解论》为止,仅仅通过这些细致的经验主义研究就已经在解开自然之谜方面做出了巨大的进步。牛顿,那个时代最伟大的数学家和科学家,清楚地认识到用自然的数学理论来回答观察到的证据和实验的确证的必要性。洛克将自己的角色视为一个仅仅是

"清道夫"(under-labourer)的哲学家,为像牛顿这样的科学家们通过经验主义的手段来揭示自然世界的运作清扫道路,以及为用可靠的方式预测自然现象构造普遍的数学原则(见《人类理解论》中的开头"致读者")。他对笛卡尔要为自然科学提供一个先天的形而上学基础的抱负不抱任何信心。

洛克敌视先天观念学说的另一条理由是,他在其中看出了对思想自由和研究的威胁,不仅在科学中,而且也在道德、宗教和政治的事务中。与把政治观点和宗教观点只限于自己的笛卡尔相比,洛克是一个个人自由和权力的提倡者——当时这些观点(至少在英国)正在开始发展,即使仍然相当有害。以斯图亚特王朝形式出现的绝对君主制在内战期间受到了抵制,只是在1660年的复辟中以一种更加温和的形式复兴过。当最后一位斯图亚特国王于1688-1689年随着所谓的光荣革命(Glorious Revolution)而被废黜时,洛克站在了胜利的一方,但是政治自由和宗教自由的未来仍然悬而未决。他敏锐地意识到,先天观念学说很容易被保守势力和反动势力所利用,因为它极易诉诸于假设的由上帝所赋予的道德原则和宗教原则以消除对盛行的权威和狂热的利益的挑战。这个学说为非自由力量所滥用的潜在性无疑在洛克决定反对它时起到了很大的作用。

洛克在《人类理解论》中的主要目标是解释和确证经验主义,通过表明人类思想和知识的所有材料在经验中都可以有它们的起源——他不仅指的是感觉经验,而且也指通过他称之为对我们心灵的内在活动反思的东西我们所拥有的那种反省经验(《人类理解论》,第2卷,第1章,第2节)。按照洛克的观点,我们所有的观念最终都归因于经验,因此其中没有任何东西是先天的。当他说及我们的思想和知识的"材料"时,他指的就是这些感觉和反省的观念。

但是,洛克的"观念"这个词语的确切意思是什么?洛克本人把观念定义为"心灵在其自身中知觉到的、或者是知觉、思想或知性的直接对象的任何东西"(《人类理解论》,第2卷,第8章,第8节)。

这个定义或许使今天的读者感到相当的困惑,部分是因为"观念"(idea)这个词——在17和18世纪的哲学著作中到处可见——作为一个技术性的哲学术语现在已经完全不再使用了。也许在我们现在拥有的哲学用法中最接近它的是"概念"(concept)这个词。把心灵说成是知觉概念可能使我们感到奇怪,正如洛克说它是知觉观念一样,这是因为,"知觉"(perceive)这个词从洛克的时代起也经历了相当大的意义变化,至少像哲学家和心理学家理解它的那样。我们现在更喜欢说人们"理解"或"掌握"概念。另一个问题是,洛克不仅在今天的哲学家会说"概念"的语境中使用"观念"这个词,而且也在他们宁愿使用诸如"知觉对象"(percept)这个替代词的其他语境中使用"观念"这个词。因此,在洛克的用法中,"观念"这个词用来表示一方面能够成为思想的成分或部分的某个东西,另一方面同样也可以成为感觉经验或反省经验的成分或部分的某个东西。的确,观念能够扮演两种角色对于洛克的这个经验主义命题至关重要,因为涉及我们的思想的所有"材料"都起源于经验。

我将在本章的后面回到洛克把观念看做什么这个问题上来,但是现在该看看他反对认为至少是我们的一些观念是先天的,而不是主要地源于经验这个学说的论证。首先,就洛克所攻击的观念而言需要作一些基本的区分。虽然对先天观念学说的攻击很松散,但是洛克的攻击主要针对的是假设的先天原则(innate principles)和仅仅是次要的先天观念(innate ideas)或"概念"(notions),如他所称的那样。原则是某种在形式上为命题性的东西,洛克用两个他最喜欢的例子解释得很清楚——"那些证明的原则,凡是存在的事物,存在;以及,同一事物不可能既存在(是)又不存在(不是),"这两个原则在今天就会分别被称为同一律和矛盾律。比较之下,观念或概念仅仅是一个命题的成分或部分——诸如同一性这个概念,它出现在这个原则中,且通常用"相同的"来表达。

另一个值得一提的区分是洛克在思辨原则(speculative principles)和实践原则(practical principles)之间所作的区分。前者是逻辑的和形而上学的原则——就像已经引用过的两个例子——而后者关心道德,也就是说,我们对彼此的义务和对上帝的义务。我们接下来的注意将会集中于前者,虽然很明显,就和道德原则有关的先天主义学说(innatist doctrines)和先天论(innatism)给自由所造成的危险而言,洛克对政治和宗教的关注必定更为紧迫。

尽管有自信的修辞和大量的讽刺,洛克反对先天主义的详尽论证却并不像他认为的那样令人信服,即使它们具有相当的分量。这些论证集中在"普遍赞同"(universal assent)这个问题上——或者,像他有时候也称它的那样,'普遍同意'(universal consent)。洛克似乎假定三件事情。第一,先天原则的支持者们认为这些原则为所有人普遍地同意,无一例外。第二,他们假定这些普遍同意提供了正在讨论中的这些原则的先天地位的明显证据。第三,没有其他任何一种证据被表明或可以被用来支持任何原则的先天性。在以这种多少有点受限的和苛刻的方式描述他的对手的立场时,洛克也许就已经犯了树立某种稻草人作为他的靶子的过错了。

例如,洛克曾经说过,"即使这在实际中是真的,即存在着所有人都同意的确定真理,也不会证明它们是先天的,假如可能还有其他的方式表明人们是怎么获得那种普遍同意的话"(《人类理解论》,第1卷,第2章,第3节)。在这里,洛克很不公正地假定先天主义必定是最后的解释,而这固有地就低于任何可靠的替代性解释——当然,也包括他本人的经验主义选择。更成问题的是,洛克主张先天主义者的普遍赞同论证实际上可能会被颠倒过来,以至于产生反对先天主义的不容置疑的论证。由于我不久将会提到的理由,洛克对此很自信,即事实上不存在任何接受普遍赞同的原则。洛克断言,这连同普遍赞同的论证一起证明根本就存在任何先天原则:"被利用来证明先天原则的普遍同意论证在我看来似乎就是这样一个证明,即不存在任何这样的原则:因为不存在所有人都给予普遍赞同的任何东西"(《人类理解论》,第 1 卷,第 2 章,第 4 节)。但是洛克在这里真正需要捍卫他的结论的东西是某种先天主义者不必必然承诺的东西——虽然洛克自己明确地假定它们是——即"普遍赞同……必定是所有先天真理的必然伴随物"(《人类理解论》,第 1 卷,第 2 章,第 5 节)。这当然不是某种先天主义者的普遍赞同论证所必然包含的东西,即使洛克在假定他那个时代的先天主义者假设它就是这种情形这一点上是正确的。因为,从这个假设即如果一个真理被普遍地赞成,因此它就是先天的,并不必然会得出这个结论,即如果一个真理是先天的,那么因此它就是被普遍赞同的。所以,洛克的这一断言至多会使人误解:"证明先天原则的……普遍同意论证……(是)一个并不存在任何这样证明的证明"(参看洛 1995,第 24－25 页)。

在评论对洛克的这种批评时,哈拉·金(Halla Kim)在一篇最近的论文中正确地提到,洛克代表先天主义者假定任何先天真理都需要被普遍地赞成,以及洛克本人的断言即不存在任何被普遍赞同的真理,这就意味着不存在任何先天真理(金 2003,第 23－24 页)。在这一点上,除了哈拉·金指出的即先天主义者实际上并不需要接受洛克归于他们的那个假设之外,正如我刚才所做的那样,我与洛克和哈拉·金并无任何争论。我对洛克的批评是,他错误地假设普遍赞同论证本身可以被变成这样一个证明,即一旦确立没有任何真理是被普遍赞同的这一点,就不存在任何先天真理。因为洛克非常明确地把先天主义者提出的这个论证看做是这样的:

> 存在着某些既是思辨的又是实践的原则……被所有人普遍地赞成:因此他们主张它们必然是人的灵魂从其最初的存在者那里获得的,并且用之来产生它们的恒常印象。
>
> 《人类理解论》,第 2 卷,第 2 章,第 2 节

正是这个论证,洛克紧接着称它为"从普遍同意得出的这个论证"(《人类理解论》,第1卷,第2章,第3节)以及"这个普遍同意的论证"(《人类理解论》,第1卷,第2章,第4节)。显然,这个论证只利用了这个假设即如果一个真理被普遍地赞成,那么它就是先天的——而不是洛克归之于先天主义者的另一个假设,这就是如果一个真理是先天的,那么它就是被普遍地赞成的。哈拉·金主张这两个假设都包含在洛克所称的"普遍同意论证"中(金2003,第19页),但是在我看来这好像得不到《人类理解论》的文本的支持。

然而,我们仍然需要解决任何原则是否实际上都被普遍地赞成这个关键问题。洛克反对这种断言,他作出这个初步的评论(《人类理解论》,第1卷,第2章,第5节),即很明显,所有的儿童和傻子都没有一点点关于被断言为先天的那些原则的理解或思想——诸如同一律和非矛盾律这样的原则。然而,这句话并不立刻让人信服,因为"赞成"不需要总是明确的。的确,正如我们在第6章将要看到的那样,在其《政府论第二篇》中洛克自己大量利用了缄默同意(tacit consent)这个概念。所有"明白的"东西也许就是,儿童和"傻子"并没有明确地肯定(expressly affirm)正在讨论中的那些原则。但是,这不足以表明他们不管怎样都不理解——在那种意义上,"赞成"——那些原则。洛克所提供的作为对这种暗示的反应的一切是这个很盛气凌人的评论,即在他看来,"说存在着刻在灵魂上的真理,灵魂知觉到它们却并不理解这近乎是一个矛盾"(《人类理解论》,第1卷,第2章,第5节)。但是确切地说,他在此阶段需要证明的是,灵魂——尤其是儿童或傻子的灵魂——不可能知觉到或理解一个不能明确赞成的真理。

当然,先天主义者有义务说何种证据会指向一个儿童的"缄默"赞成,例如非矛盾律。洛克考虑的一个方案是,关于这一点的证据是由这个事实所提供的,即当被问及实现对理性的运用时,年轻人的确会最终明确赞成这样一个法则。但是他轻而易举地把这一暗示作为无意义而打发过去了,理由是不可能在推测性的先天原则和大量其他的明显真理之间作出任何区分——诸如白不是黑——对此,一个年龄大的儿童也会明确地给予立刻的赞成。值得注意的是,在这里洛克的假定似乎是非常小的婴幼儿事实上不会进行推理。但是问题似乎出在这里。因为在此问题上,我们不应该把拥有理智能力和在言语上有表达它的能力混淆起来。

洛克声称提供了另一个对先天主义者的挑战。显然,洛克在这里承认我们并不需要立刻就意识到在某种意义上"位于"我们心灵"之中"的每一个命题。一些我们没有立刻意识到的真理我们可以"回想起来",因为它们就存储在我们的记忆里。但是,按照洛克的观点,为了让它们一开始"被存储起来",我们就必曾在过去的某个时间意识到过它们。然而,这似乎预设了经验主义的真理性,因此从先天主义者的观点出发这就是循环论证。为什么一个真理被存储在我的心灵中的唯一方式就应该是洛克所承认的那一种呢——即在我于其中最初自觉地意识到它的这一事件之后才被存储于我的记忆里?

即使如此,从洛克对先天主义的批判中也可以得到这样一个重要的教训。这就是,先天主义者简单地这样说是不够的,即通过心灵有能力理解它这一点一个命题就可以是先天地"位于"心灵"之中"。因为,正如洛克所说,按照那个标准,"所有为真的命题以及心灵能够赞成的命题都可以说是位于心灵之中"(《人类理解论》,第1卷,第2章,第5节),从而使先天主义者的论题变得无足轻重。这可以被视为洛克对他的那些同时代人像笛卡尔的答复,笛卡尔把先天知识看做是以某种方式潜存的或者蛰伏的状态,仅仅需要心灵的成熟和承受适当的经验来释放或激活。在他的《对某一报纸的评论》(笛卡尔,1984)中,笛卡尔暗示了一种从一出生就存在的天生疾病的类比,这种症状只是到生命的晚期才出现。莱布尼茨则提出一块大理石的类比,其中有待成形的塑像已经为石头中的断层和纹理所预示了。然而,这两种先天知识模型的麻烦是,它们没有恰当地区分知识的先天能力的存在和刚出生婴儿的心灵中的实际知识的存在。洛克则断言,惟有后者才应被称为先天知识。

这里可能有人反驳说,洛克的不满并不真的就对莱布尼茨不利——应该指出,莱布尼茨在《人类理智新论》,也即他对洛克的《人类理解论》的评论是为直接回应洛克而写的。这是莱布尼茨本人所说的话:

> 我也使用了一块有纹理的大理石的类比,而不是一块完全同质的大理石或一张白纸(blank tablet)——哲学家们称之为白板(tabula rasa)的东西。因为如果灵魂就像这样一张白纸的话,那么真理就会存在于我们身上,就像赫拉克利特的外形存在于一块大理石之中一样。然而,如果在大理石块中存在着已经标出赫拉克利特的外形而不是其他外形的纹理,那么那个大理石块就会被那个外形决定,而赫拉克利特也会以某种方式先天地存在于其中,虽然需要劳动来暴露这些纹理……这就是观念和真理如何先天地位于我们身上——如倾向(inclinations)、性情(dispositions)、秉性(tendencies)或自然的潜力(natural potentialities),而不是行动(莱布尼茨 1981,第 52 页)。

但是可能有人极力主张,当洛克抱怨说在纯粹意向性的意义上"所有为真的命题和心灵能够赞成的命题都可以说位于心灵之中"时,正如亚历山大·米勒(Alexander Miller)所说(米勒 1995,第 144 页),他不公正地把两个不同的概念给合并在一起了。在一种弱的意义上说,那块没有纹理的大理石倾向于采取赫拉克利特的形式,但是同样也倾向于采取其他任何形式——而在一种较强的意义上说,只有那块有纹理的大理石倾向于采取赫拉克利特的形式,优先于其他任何形式。莱布尼茨所暗示的就是,在更强的倾向性意义上而不只是在无关紧要的弱的意义上,某些观念和原则从一出生就"位于"心灵"之中"。然而,洛克自己事实上并没有暗示,关于能够赞成的那些真理心灵是无限可塑的。他会乐于承认,我们的直觉能力和理性能力可以使我们有能力比其他人更加容易地识别一些真理,就像我们在后面将要看到的那样。他会反对我认为的莱布尼茨的这个例子,即由于其天生的认识能力一个新生婴儿的心灵实际上并没有已经包含知识,就和那块有纹理的大理石由于其中的纹理模式而没有包含塑像一样。他会说,那些认识能力确切地说就是获得知识的能力——而需要被获得的东西并不就是已经拥有的。

虽然洛克的反对先天观念和原则的论证也许不是完全地令人信服,但是他的对手们也有义务解释一下在何种意义上这些观念和原则可以说是"位于"一个人的心灵"之中",甚至在当一个人不能够明确表达它们的时候。相似地,这些对手也必须要告诉我们何种证据支持他们的观点以及为什么如此。即使没有什么别的东西,洛克对先天主义的批判也给其追随者们提出了一些重要的挑战,公平地说,这种在他那个时代被广泛视为当然的先天主义似乎并未已经包含可以回应那些挑战的资源。至少,我们可以说,今天先天主义的支持者们由于正视某些威胁它的困难也获得了益处,而洛克正是第一个清楚地看出这一点的人。在第7章中我会简要地再回到这个主题上来。

洛克的经验主义版本

我现在得说说洛克想要用来代替先天观念学说的观点,因为缺少更好的词语,所以我们可以继续称之为"经验主义"。但是,首先我们必须回到洛克对"观念"这个词的使用,因为对这个词的正确理解对于准确评价他的立场至关重要。

在前面我们看到,当洛克把观念定义为"心灵在其自身中知觉到的无论什么东西,或者是知觉、思想或知性的直接对象"(《人类理解论》,第2卷,第8章,第8节),他似乎是在管理两个十分不同的精神现象——知觉对象(percepts)和概念(concepts)。当我们享受对物理环境的感觉经验时——例如,当我们睁开眼睛,观看周围的对象时——我们意识到要服从于带有不同的质的特征的知觉意识的状态。例如,当一个视力正常的人在日光下看见一对梨子,其中一个是红的而另一个是绿的,他或她就会体验到颜色经验的某些典型特征,这在相同条件下的色盲者的知觉经验中是阙如的。洛克似乎至少有时候使用"观念"这个术语来指这些经验特征。然而,他有时候也用这个术语来指我们现在会称作概念的东西,也就是,思想的有意义的成分,我们可能会用它来考虑世界以及试图用语言来相互交流——诸如这个苹果是红的和那个苹果是绿的这种思想。但是,也正如我在前面暗示过的那样,仅仅指责洛克混淆了知觉对象和概念将是不公平的,因为洛克在《人类理解论》中的部分方案就是打造我们的概念资源和知觉经验的特征之间的纽带。在洛克版的经验主义中这种由观念扮演的双重角色对于这个方案是必不可少的。

必须说,由于各种不同的理由,许多今天的哲学家们把洛克经验主义的这个方面看做是完全站不住脚的。一个理由是,这些哲学家们经常怀疑知觉经验中的感觉特征(sensory features)的认识论地位甚至是存在,因此在这种意义上把观念视为知觉哲学(philosophy of perception)和知识论(theory of knowledge)的是没有希望的起点。另一个理由是,他们认为把概念看做是各种反省的精神现象——它们是思想的材料或成分——是一个天真的错误。相反,他们认为,概念作为一系列相关的认知能力更好被理解——例如,区分和识别我们的物理环境和社会环境之间的特征的能力,以及在和这些特征有关的成功的人际交流中恰当利用某些词语的语言能力。按照这种模型,要知道一个词的意义并不是要私下熟悉某个洛克的观念:

相反,按照公共交流的主体间性标准,它就是认识如何正确地使用这个词语。我本人的观点是,如果理解得准确的话,和这些今天的批评者们所承认的相比,关于洛克的观点还有更多可说的东西,这一点我将在第四章中加以解释。然而,我暂时把对这些批评者们的担忧搁在一边,而赞成洛克本人对"观念"这个词的使用。

即使把这些担忧搁置一旁,然而,我们在这里还必须要面对另外一个问题。这个问题就是,准确地说,洛克把观念描述为精神过程的"直接对象"是什么意思——他在这种情境中所理解的"直接性"(immediacy)以及他所意指的"对象"(object)。在把观念称为对象时,他难道不应该被理解为把它们看做是精神影像(images),可以说,就像为心灵的"内在的眼睛"(inner eye)用于详细考查的精神"图像"(pictures)一样?再者,在把观念说成是直接对象时,他难道不是在暗示我们对其他"外在"对象的知觉要为我们对观念的知觉——它们因此构成了我们和那些其他对象之间的某种屏障(screen)或面纱(veil)——所调和?如果是这样的话,那么洛克的观点不是隐藏着有助于促进观念主义事业的各种怀疑主义问题吗?我的回答是,洛克不一定必然要被解释为把观念看做是影像,不管怎样,这个问题和怀疑主义的问题没有任何真正的关系,对于所谓的"直接实在论者"来说这个问题同样会产生。

我们现在能够更加清楚地描述一下洛克的特殊的经验主义版本。洛克的经验主义在性质上同时是原子主义的(atomistic)和建构主义的(constructivist)。在称它为"原子主义的"时,我的意思是,洛克把观念分为两类,简单的和复杂的,复杂观念可以被分析为简单的组成部分。例如,对于洛克来说,像红色这个可知觉性质的观念就是简单的:我们关于红色的观念不可能被分析为任何更简单的元素,不像例如,我们关于一匹马的观念。在将洛克的学说称为"建构主义的"时,我的意思是这样的:虽然他主张我们的一切观念最终都由经验而来,但是他并不认为为了加工一个给定的复杂观念我们就必须在实际上拥有一个相应的经验,因为他认为我们拥有包含着各种不同的由复杂观念分析而来的简单观念的经验就足够了。因此,他会说,我们可以加工关于独角兽这个观念,尽管我们从未知觉过这样一个生物,因为它可以用一个更简单的观念来加以分析——关于马和角的这些观念——它们要么在我们的经验自身中扮演重要角色,要么可以用它们所拥有的其他观念来作进一步的分析。

在《人类理解论》的过程中,洛克试图履行他的断言以便通过分析某些关键的观念——像实体和因果能力这些观念——来提供一个先天论的替代物,先天论者们认为它们是先天的,并且努力表明它们的简单成分如何可能从经验中获得,接着又由心灵把它们结合在一起。我将在本书的后面章节中考察他对其中一些观念的分析,部分地是考虑到评价洛克在多大程度上成功地实现了他为自己设立的经验主义目标。

洛克的感知觉理论

我们已经看到,洛克至少有时候用"观念"这个词来指今天可能会被称作"知觉对象"的东西,被认为是我们的知觉经验的可重复的和重新结合的感觉要素或成分。确实,他认为,观念密切地包含在感知觉的过程中,我们借此在我们的环境中看,听,闻,尝,以及感觉物理对象,由此逐渐获得它们的属性和关系的知觉知识(perceptual knowledge)。决不是所有今天的哲学家和心理学家们都会同意洛克这一点。按照一个思想流派的观点,知觉一个对象——例如看一个绿苹果——根本就不是一个像感觉疼痛和温暖那样的真正的感觉活动。相反知觉被认为就是一种获得关于一个人的物理环境的信念的特殊方式。虽然信念的确必须要有有意义的命题内容——因此在概念的意义中就包含了"观念"——但是按照这种观点,从字面上说没有任何理由假设知觉中包含任何种类的感觉要素。在这个问题中我本人从感情上说支持洛克,当然,如果一个人仅仅把它的这个根本特征作为完全错误的而抛弃的话,那么他的知觉理论就不能够有用地加以讨论。根据洛克的观点,无论我什么时候知觉一个物理对象,诸如一个苹果,我都是通过拥有知觉经验做到这一点的,这个知觉经验包括对那个对象性质的某些特征的观念,如它的绿和圆。

洛克知觉理论的另一个非常重要的特征是,它是一个因果理论。他说,"……通过没有感觉的微粒作用于我们的感官,观念产生于我们身上"(《人类理解论》,第 2 卷,第 8 章,第 13 节)。在光的例子中,这些就是光的微粒——光子,如物理学家现在称它们的那样——作用于我们的眼睛的视网膜,从而产生了我们视觉神经中的活动,随之是在我们的大脑中的某些部分的活动。发生的一切——"观念"在心灵中的产生——洛克承认,是某种神秘的东西,但是就其所具有的强烈的不愉快的主体性质来说,这一神秘决不比大腿上的伤产生的疼痛感更大。

洛克提倡这种因果理论看来似乎是要致力于否认被认为是"直接"实在论的东西——这个观点是说,知觉的"直接"对象就是普通的物理对象,像苹果、树和岩石。但是,我们能否真的那样说取决于我们认为他对观念本性的观点是什么——尤其是,我们是否认为他把它们看做是精神"影像"的东西。我们马上就会看到,在这个方面洛克的理论实际上存在着不止一种解释。这个问题与洛克关于知觉经验和知觉判断之间关系的概念有着密切的联系。考虑一下下面这段话:

> 当我们把一个具有任何一致颜色的圆球置于我们的眼前……无疑,此刻在我们心灵中的观念就是来至我们眼睛的、有各种阴影以及数种程度的明亮度的圆的观念。但是通过使用我们习惯地知觉凸形物体在我们身上所产生的那种现

象……由于习惯,判断就会把现象又改变成它们的原因:所以,从真的是各种阴影和颜色的东西……会把它当作一个图形的记号,并且自己构造对凸起图形的那种知觉和一个一致的颜色。这时我们从那里获得的观念,仅仅是一块着有各种不同颜色的平面,这在图画中便很明显。

《人类理解论》,第 2 卷,第 9 章,第 8 节

在这里,洛克似乎暗示,当我们形成有关某个被知觉对象的属性的知觉判断时,那个判断就会把解释强加给对象在我们身上所产生的感觉的观念,就像包含在判断着色场景中的对象被描述为拥有什么属性时的解释几乎一样。但是,我们应该如何真正接受这种比较还是要取决于我们认为洛克对观念本性的确切概念是什么。就对文本的最简单的解读而言,我们或许认为他是在说观念仅仅是精神"图像"(pictures)或"影像"(images),我们以各种方式在内心里仔细地检查它们以及解释它们。但是,正如我在后面将会暗示的那样,其他的解读也是可行的,这样会使洛克的观点看上去少一些问题。

这样假设也许是吸引人的,即洛克和其他的 17 世纪哲学家把视觉的"观念"看做是内在的 精神的,就和视网膜的影像是由光线在我们的眼睛的后面形成的相似。在洛克的时代,这些视网膜影像的存在是相对较新和令人惊奇的发现。然而,我认为无论如何,虽然影像理论可能的确容易受到批评,但是它们并不是——正如我们马上就要看到的那样——像一些它们的当今批评者们所断言它们的那样站不住脚和令人困惑。

顺便说一下,值得一提的是,刚才从《人类理解论》中引用的上面那个段落是洛克的许多通信者之一,即爱尔兰人威廉·莫里纽克斯(William Molyneux,1656 - 1698)给他提的一个著名的问题。在此之前,莫里纽克斯写信给洛克问他是否认为一个生来目盲,但是

最近却能够看见的人仅仅通过视觉就可以区分一个此前只是通过触觉就能够区分的球体和一个立方体。在描述了这个问题后,洛克继续道:

> 对于这个问题,这位敏锐的和明智的建议者回答说:不可以。因为虽然他已经获得了关于一个球体和一个立方体如何影响了他的触觉的经验,然而,他仍然没有获得这个经验,即如此如此影响他的触觉的东西必定如此如此影响他的视觉,或者说,这个立方体中的一个凸出的角(不均匀地压迫他的手臂)对他的眼睛所显现的,正如它在立方体中所做的一样。就对他的问题的回答来说,我同意这位好思考的绅士的观点,并且自豪地称他为我的朋友。
>
> 《人类理解论》,第2卷,第9章,第8节

如果没有反思过这个问题的大多数人发现莫里纽克斯的回答是反直觉的,那么洛克暗示这只是意味着这一事实,即未加反思的人往往没有意识到"他们可能注意到经验、改进和获得的观念,他认为他从它们那里丝毫没有得到任何用处和帮助"(《人类理解论》,第2卷,第9章,第8节)。因此,洛克利用这个例子来为他的经验主义认识论提供进一步的支持。

洛克是间接实在论者吗?

现在我想回到洛克是否把观念设想为精神影像这个重要的问题上来。按照一个存在已久的洛克评价传统——也许,这一传统甚至应该被称为"正统的解释"——洛克的确被看做是假设了一个观念在感知觉中的角色的影像概念。根据这种解释,洛克持有以下的观点,当我知觉一个对象——诸如一个圆的、绿的苹果——我这样,

是由于这一事实,即对象的存在导致我去经验一个精神的影像,它的某些部分或外观表象了正在谈论的对象的相应属性,诸如苹果的圆形和绿色。这些影像的外观中的一些表象了对象的相应属性,因为它们实际上就和它们相似:例如,我的关于苹果的精神影像的形状应该和苹果的形状相似,即使或许不那么完美。以这种方式表象的属性可以被归为第一性质。但是影像的其他方面表象了这个对象的相应属性,仅仅因为它们是这些属性的规则伴随物(regular concomitant)——也就是说,因为拥有某种被给予的属性的对象的存在规则地使我经验到拥有某种不同方面的影像。根据推测,我的精神影像的颜色仅仅以这种方式表象苹果的"颜色",更确切些说,通过和它相似——对象的这种属性可以被归为第二性质。后面我还会回到第一性质和第二性质这个区分上来,因为虽然洛克的确采取了这样一种区分,但是他对其确切的本质的理解大体上就和他的知觉理论一样,仍然存在着解释的可能性。

在把观念称为"精神影像"时,对洛克的知觉理论的这种"正统"解释的拥护者假设,它们是某种特别种类的精神对象,具有它们自己的知觉属性——正如一个普通的物理影像,例如一幅风景的油画,就是一个具有它自己的知觉属性的对象,它用来表象它所描绘的对象的各种不同的属性。所以,按照这种解释,洛克认为我们真的看到了我们的视觉观念,此外还看到它们拥有颜色和形状的各种不同的视觉属性,它们用来表象我们看到的物理对象中的相应属性——所谓"外在的"对象,诸如苹果、树、和岩石。因此,洛克被解释为持一种知觉的"间接实在论的"理论或"表象的"理论,因为他被认为我们只是"间接地"通过知觉表象那些对象的"内在的"精神影像来知觉外部对象。

以这种"正统"方式确立洛克的理论之后,许多批评者们于是就继续幸灾乐祸地打倒他,指出他归之于他的那个理论的所有假定的荒谬和困难。在我们讨论洛克是否真的持这样一种理论之前,还是让我们先来简要地考虑一下其中一些被断言的问题是什么以及它们是否真的是不可回答的。

　　首先,可能有人反对说,在说到例如一个人通过看见一棵树的视觉影像而看见一棵树时,从好处说,这个人对看见这个概念完全没有作任何解释,从坏处说,导致无穷倒退。因为如果一个人需要看见一个视觉的影像以便看见一棵树,那么这个人不同样需要看见另一个视觉影像以便看见另一个,如此以至无穷?我认为不会,这个论证和这里的论证一样不好,即如果一个外科医生需要看见电视影像以便看见某人的腹内发生了什么事情,那么他就需要看见其他的电视影像以便看见某人的腹内发生了什么事情。这里关键点在于,使外科医生必然要看见电视影像以便看见某些事件的条件——即,这些事件发生在某人身体的内部——并不适用于电视影像本身:因为它们当然不是位于某人身体的内部。"影像主义者"必须被认为是采取一种关于精神影像和"外在的"对象之间相差异的比较观点。他认为,有理由假设"外在的"对象不能被"直接地"看见,这些理由并没有产生于视觉影像自身的情形中——虽然这些理由是非常的好,但却是另外一回事。至于这种指控,即这仍旧完全没有解释看见这个概念,可以作这样的反驳,这就是没有被解释的东西实际上只是直接看见的概念——而在"间接"看见这个概念可能被认为需要作出解释的意义上来说,这就是一个不需要任何"解释"的概念。毕竟,一些概念在解释上必定是基础性的,或许直接看见的概念和任何概念一样有很好的权利要求这种地位。无论如何,即使退一步说没有解释直接看见这个概念是一个失败,可能也有人极力主张通过诉诸于直接看见的概念来解释间接看见这个概念——这种看见据称和看见诸如树这样的"外部的"对象有关联——决不是无意义的,当然也不简单地是循环的。

　　对间接实在论来说还有其他明显的问题。一个经常被提起的困难涉及到据说导致在我们的心灵中产生精神影像的因果过程的本质。可能有人会问,一个物理过程——诸如洛克将之描述为"无感觉的粒子的活动"的东西——怎么会产生某种像精神影像这样在种类上如此明显不同的东西?洛克本人似乎承认,这其中存在着神秘的成分,虽然他也说(《人类理解论》,第2卷,第8章,第13节)没有任何理由让上帝不应该如此安排事物以便观念以一种系统的方式附加在某种物理活动上。这里提到上帝可能会使这提法看上去诉诸于一个照我们样子的超自然的要素。但是,它也可以被看做是等于只是一个让步,即人类心理生理学的某些方面不得不被接受为"赤裸裸的事实",从而不易受到用物理术语作进一步解释的影响。非常有争议的是,这不是某个间接实在论者可以单独承认的东西。

然而,一般用来针对间接实在论的最为严重的指责是,通过在我们和"外部的"对象之间插入一个观念之"幕",它一定会导致怀疑主义——所以它不是提供一个我们如何能够通过知觉开始认识那些对象的属性的解释,而实际上这意味着我们不可能认识它们。如果这些对象仅仅是作为我们的观念的外部原因和我们相关,有人就会指责说,我们有什么理由去假设关于那些对象的本质的任何确定的东西?尤其是,我们如何知道它们的属性如何真的和我们的观念的属性相似?的确,这样假设明智吗,即描述这些观念的术语在完全相同的意义上也应该可以应用于据称在种类上和观念如此不同的对象——例如,在这个词的相同意义上,一个视觉影像和一个外部对象可以同样是"方的"?

现在,我承认关于"相似性"的这个问题是一个间接实在论者很难令人满意地加以解决的问题。但是刚才提到的更为普遍的指责——间接实在论尤其会导致怀疑主义——在我看来似乎是一种夸张的说法。因为我以为任何一种关于知觉的"实在论的"的理论,不管它是"直接的"还是"间接的",都很容易被足够聪明的怀疑主义者所利用。这只是因为任何这样的理论都必须承认我们的知觉判断有可能是错误的。也就是说,任何这样的理论必定允许一个人可能是非常诚恳地判断：一个人知觉到某种"外部的"对象，然而那种判断有可能是错的，因为这个人容易受到某种知觉上的错觉的影响。怀疑主义者典型地利用这个事实来试图说服我们相信我们的知觉判断可能总是错误的。但是尚不清楚的是，"直接的"实在论者真的就比"间接的"实在论者能更好地抵抗这种怀疑主义的动作。

正如我已经暗示的那样，把洛克解释为一个"间接实在论者"，或者假定了感知觉中观念角色的"影像"概念并不是无可争辩的。有争议的是，他是某种"直接的"实在论者，或者至少是他在我们是否可以"直接地"知觉到物理对象这个问题上并没有以某种形式明确地承诺过。一位似乎把洛克看做甚至是一个直接实在论者的著名洛克学者是约翰·约尔顿，他对此的看法是：

> 观念的方法是洛克承认看见的精神特质的方法。它并没有试图闯入物理对象的世界而把知觉者永远置于观念的某种价值之中。
>
> 约尔顿1970，第132页

约尔顿继续说，"我在《人类理解论》中没有看到任何证据表明洛克把观念看做是存在体"（约尔顿1970，第134页）。

但是如果不是某种特别的精神"存在体"，更具体地说，是精神影像，那么我们要假设洛克确实把观念看做是什么呢？至少存在着两种可能的选择，的确，这些选择可能不是相互排斥的，正如我们将要看到的那样。一种是，当洛克把"观念"说成是包含于感知觉的过程中时，他只是在谈论当我们通过我们的感觉知觉物理对象时它们在感觉上影响我们的各种不同的方式。所以，例如，当我在正常照明的条件下看这二者时，一个红色的对象在感觉上典型影响我的方式不同于一个绿色的对象典型影响我的方式。我们也可以通过这样说来表达这一点，即红色的对象以那种"红色"种类的方式影响我，而绿色对象则以那种"绿色"种类的方式影响我，这就是当洛克说我在一种情形中经验到一个"红的观念"，而在另一种情形中经验到一个"绿的观念"时他要表达的所有意思。按照这种解释，他不是在暗指这些"观念"本身就是我正在看到的任何一种对象，这些对象具有其自身的可见属性，不知什么原因和物理对象的颜色属性相一致。由于这个缘故，我们可以把洛克理解为将物理对象自身当成了感知觉的"直接的"对象，因为我们不再认为他如影像主义的解释所主张的那样假设我们通过知觉某种特别的对象来知觉这些对象。当然，我们仍旧把洛克看做是认为，为了我们可以通过我们的感觉知觉物理对象，对象必须以某种方式在感觉上影响我们——而且，以一种我们当时可以意识到的方式——但这似乎是个完全合乎情理的说法，正如约尔顿所说，好像并不意味着我们被我们的观念以某种方式与物理对象隔开。即使如此，还是必须承认根据目前情况来看这个方案有点儿含糊，因为需要解释"在感觉上被影响的方式"的确切意思。这就是为什么刚才我承认这个方案可能和我要描述的第二种可能性相容。

第二种可能性是，在把"观念"说成是包含于感知觉之中时，洛克谈到这一事实，即当一个人知觉到一个对象时，这个人必定把它知觉"为"某种对象，或者至少"是"拥有某些属性。所以，例如，如果我看见一个绿色的苹果，我可能把它看成是一个苹果是绿色的——但是即使我没有这样做，因为我并不承认它是这种对象，如果它是这种对象，或受害于红-绿色盲，看来我必定仍然把它看成是某种东西以及拥有其他的属性。例如，我或许就把它看成是一个圆的水果。按照这种对洛克在解释感知觉中对"观念"这个术语的使用的解释，谈论当我知觉它时我所拥有的关于一个给定对象的观念就是谈论我把那个对象所知觉成的那种东西以及我把它知觉为它所拥有的那种属性。一些今天的哲学家使用"方面"和"方面的"这些术语来获得感知觉的这个维度，尤其是在具有歧义的图形的知觉情境中,诸如路德维希·维特根斯坦的著名的"鸭兔"图形(维特根斯坦1958,第194页),或内克尔立方体对角线(Necker cube diagram),它既可以被看做是朝上的立方体也可以被看成是朝下的立方体。当我把立方体看做是朝上时,我看到它朝下,而当我把它看成是朝下时,我看到它朝上。而且,我看它并不真的服从于我的自主控制,虽然有时候我可以通过集中于立方体的顶部来引起所谓的"格式塔转换"(Gestalt-switch)。因为我的知觉并不服从于我的自主控制,所以它们就显得是由感知觉本身的机制所规定的,而不是被更高层次的认知活动诸如思维或判断来决定的。这就是为什么把洛克的感知觉"观念"解释为近似于知觉的"方向"可能显得较为合适的原因。

这种解释的歧义是,它让洛克说我对一个对象的知觉"观念"可能是不适当的或错误的,虽然情况可能并不是完全如此,如果我真的去知觉它的话。这反过来可以使我们理解他可能要说的意思,即我们的一些观念以某些方式和我们知觉到的对象"相似",也就是说,不是通过不适当的或者错误的方式。所以,例如,当我看见一个圆的对象,而且它确实是圆的,可能有人说我对那个对象的形状的"观念"和实际的对象的观察形状彼此相似。但是,洛克所暗示的我们关于颜色的观念和对象的其他所谓的第二性质决不会和那些性质相似又该怎么办呢?我马上还会回到这个问题上来,快速的回答是他可能仅仅是在暗示,例如我们关于像红色这样的颜色性质的观念通过把它看做是物理对象的表面特征而歪曲了讨论中的属性的真实本质,实际上它是对象和光相互作用的一种能力(capacity或power),因而也是当我们看它时(它)和我们的眼睛以某种方式相互作用的一种能力。

不管怎样,重点是这种对洛克的知觉"观念"概念的解释再次使我们把他看做是一个"直接"实在论者。因为看起来似乎完全清楚,我们不应该具体化——即把事物,或者用约尔顿的话说,存在体——当作是我们知觉对象的知觉。因此,例如,当我把内克尔立方体看成是朝上时,我看见的朝上的那一面并不是我看到的某个更深刻的东西,除了这个立方体及其边和顶点之外:确切地说,它就是我在这种场合看见立方体的方式。借用约尔顿的有帮助的话说方式,它就是一个"我看见的精神特征"——精神的,因为正在谈论中的这个方面并不是立方体本身的一个方面,而仅仅是它如何向我显示的方面。

至于这个问题,即这些直接实在论的解释是否正确,我没有关于这个问题的任何定论——回想一下,这两种解释不管怎样都不必被看做是彼此直接竞争。如果有区别的话,我倾向于断定洛克本人在心中并没有清楚地区分知觉观念的非影像概念和影像概念,更不用说想到一个特别的非影像概念。这不是作为对他的有意批评,因为我们不可能期望他对那些区分敏感,在他写作的那个时代的哲学家们尚未习惯作这些区分,它们也只是在过去五十年左右才受到激烈的争议。然而,我应该说在我提供的关于知觉观念的两种非影像解释中,第二种——虽然在许多方面有吸引力——可能会遇到某种困难,至少对它被归于洛克是这样。这就是,它可能看起来并不足以成为我先前讨论过的知觉经验和知觉判断之间的区分和洛克关于对一致的颜色范围或球体的知觉的例子。因为洛克暗示我对球体的知觉观念"只是一块被着上各种颜色的平原(即平面)"——然而,我清楚地把球体知觉为凸圆的和一致着色的,虽然它的一些部分被照亮,其他部分处于阴影中。这或许会使人假设,按照洛克的观点,与我的知觉经验本身的内容相比,我如何把球体知觉为存在这一点和我的知觉判断有更大的关系,因为洛克似乎想到的是后者。

然而,也许这个方案仍然可以用下面的术语来辩护。可能有人提示,我刚刚所指的东西即在球体这种情形中"我的知觉经验本身的内容"就是我。我要提出的是,一般而言,洛克的感知觉的"观念"并不简单地和我先前所称的知觉"方面"是同一的,但是却和我们称之为"纯朴的"(untutored)知觉方面相一致——我们知觉或会知觉事物。然而,我提供这种方案只是作为一种建议,这种建议可能帮助我们理解洛克关于"相似性"。如果这种方案由于任何原因被认为并不令人满意,那么我们仍然有可以依赖的对观念的其他非影像主义的解释,因为虽然那种解释可能和"方面的"解释相容,但是它也可能以其他的方式发展,例如沿着一种所谓的知觉感觉作用的"副词的"理论这条线。既然我在其他地方(见洛1995,第42 – 47页)已经广泛地讨论过了那种可能性,所以这里我将只对它作一个简要的概述。

很简单地说,知觉感觉作用的副词理论所提出的东西就是我们应该认真对待我们先前关于在感觉上以一种例如"红的方式"或"绿的方式"——或者简称为"以红的方式进行感觉"或"以绿的方式进行感觉",这里正是对像这些独特的副词的使用才给了这种理论这个名称(进一步见洛2000,第114 – 119页)。当然,日常英语实际上并不包含任何这样的副词,但是按照副词理论家们的观点这样的副词在很大程度上是因为这门语言的日常说话者们几乎不需要描述他们的感觉经验本身的特征,在大部分时间里他们更多地是关心描述感知觉的"外部的"对象。日常英语包含形容词,诸如"红的"和"绿的",由于这种描述的目的,所以毫不奇怪——所以副词理论家们极力主张——我们在相对罕见的条件下应该会利用这些形容词。然而,我们的错误是继续把它们用作形容词,即使大概被用来描述"内部的"对象或"感觉材料",实际上不存在被描述的任何一种这样的"内部的"对象。按照副词理论家们的观点,这种错误可以通过把讨论中的形容词变为副词而得到纠正,这些副词描述了我们通常在感觉上受到讨论中的形容词所描述的知觉对象影响的方式。因此,例如以红色的方式进行感觉可以被理解为以那种不同的方式进行感觉。我不会自称使用这种理论没有任何的困难,但是毫无疑问它有许多引人之处,它为理解洛克本人如何考虑感觉"观念"提供了新的思路。特别是,它可能帮助我们领会他怎么可能被解释为把感觉观念并不真的看做"存在体",这些存在体自身,用约尔顿的话说,被感觉为感觉过程的"精神影像",诸如看见平常的、"外部的"对象这种过程。

洛克对第一性质和第二性质的区分

在区分物理对象的"第一"性质和"第二"性质时,洛克追随的是一个早已长期被接受的传统,这一传统也为其他的17世纪哲学家和科学家,包括笛卡尔、牛顿和波义耳所采用。然而,关于这个区分应该如何精确地被定义存在着一些争论,因此关于这些性质应该属于哪个范畴也存在一些争论。洛克本人认为,物体的第一性质是那些和它"不可分离的"东西(《人类理解论》,第2卷,第8章,第9节)。一个紧密相关的概念是,物体的第一性质是它的固有的(intrinsic)属性——就是那些从原则上说即使没有其他任何物体它也拥有的属性。另一个概念则是,第一性质是物理对象纯粹通过在空间上广延(spatially extended)而拥有的属性。然而,与其集中在洛克和他的同时代人认为第一性质的范畴应该如何被定义这个问题上,倒不如让我们来简单地看一下洛克本人所提供的它们的清单。它们是,他说,"不可入性、广延、形状、运动或静止和数字"(《人类理解论》第2卷,第8章,第9节),在其他地方他又加上了"体积"(bulk)和"结构"(texture)(《人类理解论》第2卷,第8章,第10节)。数字是物体的"性质"或"属性"——不管是第一的还是第二的——这个概念可能起初似乎有点儿奇怪,但是事实上,我认为它是完全可以辩护的,我在下一章里会更加详细地加以解释。无论如何,就现在的目的而言,我不会质疑洛克把物理属性划分为第一性质和第二性质的做法,但是会集中于他对第二性质的本质的解释上。

　　这些第二性质,洛克告诉我们,是"在我们身上产生各种感觉的能力"(《人类理解论》第2卷,第8章,第10节)——的确,他说,它们就是这些能力而不是别的。拿颜色性质,诸如一个红色的橡胶球的红色举例来说。现在,我们自然地倾向于把这个红色认作是拥有它的物体的表面特征,(至少)在根本上和诸如平滑和圆这些表面特征没有什么不一样(我说"至少",因为在某些情形中我们可能进一步倾向于假设被讨论的特征并不仅仅在物体的表面上而是在那个物体下面一直穿透到某种深度,或者甚至弥漫于整个物体)。当洛克断言这样一种第二性质真的不是别的而就是对象中可以在我们身上产生某种感觉作用的能力,也就是说观念时,他无疑拒绝了这种常识的信念,即颜色属性诸如红色真的就是以它明显地显现的那种方式"在"物体的表面"之上"。但是我们要清楚的是,洛克并没有因此否认红色真的是物理对象的一种性质或属性。他只是说,这种性质,就像它存在于拥有它的那些物体中一样,就是一种"能力",或者,如我们现在更喜欢称呼的那样,一种"倾向性"或"能力"(capacity),其本质不可能与红色的观念或感觉作用相混淆。更确切些说,那种能力的本质是,他认为,最终可以用构成一个物体表面的粒子的第一性质来描述。正因为是如此,洛克假设,它是给予一个物体在我们身上引起红色的感觉作用的能力。

　　这并不是说,洛克认为"红色"这个词可以被定义为意味着某种像"在我们身上产生红色这种感觉作用的能力"的东西,这个定义不管怎样都将是循环定义。的确,洛克明白地把"红色"这个词看做是不可定义的,因为他认为我们关于红色的观念是一个简单观念。对洛克来说,"红色"这个词的功能是作为这个简单观念的符号而起作用的,我们在第4章中将会看得更全面。洛克认为,任何没有经验过红色的人都根本不可能真正理解"红色"这个词。这就是他想要我们从他的关于盲人的著名轶事中所得出的教训:在被问及他认为猩红色是什么样的时,这个盲人的回答据说是,他认为它"像喇叭的声音"(《人类理解论》第 3 卷,第 4 章,第 11 节)。

贝克莱在洛克去世后不久写作,他提出了一个对洛克论题的著名的反驳,这个论题前面提到过,就是在第一性质和我们关于它们的观念之间存在着"相似性",而在第二性质和它们的相应观念的情形中就没有这种相似性。贝克莱不止一次提出一条作为自明的和根本的原则,即"观念只能与观念相似"——例如,在他的《人类知识的原则》(贝克莱 1975,第 79 页)中——言下之意是,这样假设并不明智,洛克似乎就是这样,认为在本性上根本不同的事物例如一边的一块物质和另一边的一个精神观念可以彼此相似。现在,这里也许有人认为,洛克坚持相似性论题而贝克莱批评它,都是含蓄地假设了我先前称之为观念的"影像"概念的东西。因为,一方面,一个普通的影像诸如一幅画可以有意义地被说成是和它所描绘的那个事物相似,例如,一幅画像可以说就和坐在那儿的那个人相似。然而,另一方面,也可能是这样,即允许我们说及在画像和被画的人这个例子中的这样一个相似性的考虑可能在一个物理对象的观念和构成这个观念的物理对象这个事例中就不起作用。因为,很清楚,我们可以通过观看二者并且比较它们来建立画像和被画的人之间的相似性,但是我们不可能以任何类比的方式"比较"一个观念和构成这个观念的物理对象,因为——至少按照洛克的感知觉理论——我们能够知觉物理对象的唯一方式就是通过经验描述它的观念。所以,看起来,我们只能够"比较"观念和其他观念,而不是和物理对象。很容易看出,这种思想线索和其他思想如何一起导致贝克莱完全抛弃了洛克对独立存在于我们之外的物理对象的世界的信念,转而为观念论学说辩护——这种学说就是,除了心灵及其观念没有任何东西存在。

然而,正如我先前提示的那样,可能存在一种极好地理解洛克的相似性论题的方式,尤其是如果我们把他解释为是一个"直接的"

实在论者,而不是致力于观念的影像概念的话。这种提示的意思就是,当洛克主张我们关于第一性质的观念"相似于"那些性质时,他想到的并不是任何像画像和被画的人之间的相似性这种东西。确切地说,他想要传达的意思是这种信念,即我们关于第二性质的观念误导我们,因为我们关于第二性质的观念诸如颜色驱使我们把它们认作是拥有它们的对象的范畴的(categorical)属性而不是倾向性的(dispositional)属性。洛克本人并没有使用"范畴的"和"倾向性的"这些更为现代的术语来表达讨论中的这种区分,但是似乎完全清楚的是,他的确采用了这种区分,因为他把他称之为"能力"的东西——也就是,倾向性属性——和第一性质,诸如形状和结构,他认为它们是构成这些能力的基础并可以用来解释这些能力。范畴属性是这样一种属性,准确地说,它不是以某种方式影响其他对象的属性的纯粹的能力,似乎清楚的是,必定存在至少一些这样的属性,因为这样说明显没有意义,即每个属性都只是以某种方式影响其他对象的属性的能力——包括被假设为受影响的那些属性——因为这似乎就产生了要么是无穷倒退要么就是循环论证。于是,这种含义就是在谈论"相似性"时洛克只是记录了他的信念,即虽然我们关于第一性质的观念把它们的范畴本性正确地呈现给了我们,但是我们关于第二性质的观念把它们歪曲成好像是范畴本性,而实际上它们只是倾向性或能力。

洛克对知识的解释

我们看到,洛克认为人类知识的所有"材料"——所有我们的"观念"——都产生于经验,但是我们必须看到他把知识本身看做什么以及他认为如何达到它。看看《人类理解论》第 4 卷,我们发现洛克在那里通过考察其基础要么在于直觉和理性要么在于经验而把人类的知识划分为三种。这种三分法是一种传统的分法,被其他的

17世纪哲学家们所广泛地采用。但是洛克把它和自己的学说结合在一起,即知识本身实际上存在于我们的"对我们的任何观念的一致或不一致的知觉"(《人类理解论》第4卷,第3章,第1节)。他在下面这一段中以"直觉的"知识为例阐明了这个论题:

> 有时心灵立即知觉到两个观念的一致或不一致……这个……我们可以称为直觉的知识……因此,心灵知觉到,白不是黑,圆不是三角形,3大于2,而等于1加2。
>
> 《人类理解论》,第4卷,第2章,第1节

为什么一些东西被我们"直觉地"认识到——诸如圆不是三角形——而其他的只是"证明地",或者通过理性以演绎论证或证明的形式而为我们所认识?洛克本人对我们不能直觉地认识例如三角形的三个内角等于两直角提供了下面的解释:

> 意欲在大之中认识一致或不一致的心灵……不能够通过直接的观点或比较它们来做到这一点……因为一个三角形的三个角不可能被同时带来,以及和任何其他一个或两个角进行比较。
>
> 《人类理解论》,第4卷,第2章,第2节

这个含义似乎是,我们在这种情形中使用推理的必要性反映了我们自身的认识能力的局限性,这不会折磨更加强大的心灵,尤其是上帝的心灵——毕竟,我们很少认为洛克会假设即使上帝的心灵也不可能实现他在这段文字中所说的人类的心灵不可能的东西。所以,"直觉的"和"证明的"知识之间的划分对洛克来说必定只是一个相对的划分——也就是说,相对于心灵的认识能力。这又是洛克的同时代人广泛所持的观点,他的这个论点也是这样,即在证明

性推理链条中的每一步再加上最初的前提都必定是被知觉为直觉上确定的：

> 在理性于证明性知识中所做的每一步里，存在着一种它所追求的和下一个中间观念的一致或不一致的直觉知识，它用之作为证据……通过这一点，很清楚产生知识的推理中的每一步都有直觉的确定性。
>
> 《人类理解论》，第4卷，第2章，第7节

洛克关于知识的最终范畴——经验知识，包括通过对我们之外的物理事物的存在的"感觉作用"的知识——和他对知识的正式定义，即对我们的观念的一致或不一致的知觉更加难以调和。这是因为，在感觉作用中通过一个"外部的"对象而产生于我们身上的观念与其说是和外部实在的"一致"或"不一致"的关系，倒不如说是和我们拥有的其他观念的"一致"或"不一致"有相关的关系。这里的危险是，我们可能会让这种考虑说服我们——就像它明显地说服了洛克的一些批评者们一样——洛克的感知觉理论和他的知识理论一起给他造成了无法解释的"知觉之幕"问题。然而，正如我先前暗示的那样，我认为这种假设是一个错误，即洛克的感知觉理论，即使它被解释为一种"间接实在论"的版本，固有地就比甚至"直接实在论"的最明确的形式还要更加容易受到这种怀疑论问题的攻击。此外，我们也看到他的理论实际上容易被解释为一种直接实在论的版本。不管怎样，清楚的是，洛克本人没有在他提供的对感觉知识的解释中看出任何怀疑主义的理由：

> 我们通过我们的各种感觉所拥有的对在我们之外的事物的存在的觉察，虽然不如我们的直觉知识那样非常的确定……然而可以确信的是，它应该得到知识之名。如果我们说服我们

自己,我们的官能起作用并且告诉我们有关影响它们的那些对象的存在是对的,那么它就不可能因为根据不足的自信而通过:因为我认为没有人认真地如此怀疑,以至于不能确定他所看到的和感觉到的那些事物的存在。

《人类理解论》,第 4 卷,第 2 章,第 7 节

洛克的批评者们自然地倾向于指责《人类理解论》中引起更为怀疑主义的解读的段落,如当洛克说"心灵并不是直接地认识事物,而只是通过它所拥有的关于它们的观念的干预去认识事物"(《人类理解论》,第 4 卷,第 4 章,第 3 节)。然而,我的意思是,这种段落所真正表明的一切就是洛克非常合理地认识到我们只能在物理世界中获得事物的知识以至于那些事物以我们可以意识到的各种不同的方式影响我们。在回应他本人的问题,也就是心灵如何知道其观念"和它们自身相一致"(《人类理解论》,第 4 卷,第 4 章,第 3 节)时,洛克答复如下:

简单观念,……心灵……绝不可能是它自己制造的,而必定是以自然的方式作用于心灵的事物的产物……所以……呈现给我们的就是在那些现象之下的东西,它们适合产生于我们身上。

《人类理解论》,第 4 卷,第 2 章,第 3 - 5 节

他用第二性质的简单观念的一些例子来阐述这个要点,如下:

白或苦的观念,正如它在心灵中一样精确地应答了在任何物体中产生它的能力,所有拥有它拥有的或应该拥有的是在我们之外的事物的真正的一致性。

《人类理解论》,第 4 卷,第 4 章,第 4 节

关于我们的"实体"的复杂观念,也就是说,拥有许多不同属性或性质的对象的复杂观念,洛克说:

> 因此,关于实体的我们的知识的实在性就建立了,我们所有关于它们的复杂观念都必定是如此,也仅仅是如此,即由这些简单观念所组成,并且被发现在自然中也是共同存在的。
> 《人类理解论》,第4卷,第2章,第7节

他的论点因此就是,感觉作用可以给我们提供不仅是个别物理属性的存在的知识,而且还拥有那些属性的各种不同结合的对象存在的知识,至少在这种程度上是如此即他能够向我们保证属性的某些结合在自然中规则地一起出现。在下一章里我会更多地谈及洛克对实体的解释。但是目前只要说这一点就够了,即洛克自信他的经验主义认识论让我们可以断言自然世界的真正知识,虽然它在范围上无疑还是完全有限的,但是却拥有"所有它能够或应该拥有的和在我们之外的事物的真正的一致性"(《人类理解论》,第4卷,第4章,第4节)。

现在,按照洛克的观点,信念或意见——他将之与知识作了鲜明的对比——可能要么建立在或然性之上要么建立在信仰之上。既然照洛克的解释,我们的知识范围是"非常狭窄"的(《人类理解论》,第4卷,第15章,第2节),所以他认为在大多数日常的关切中我们不得不依赖于或然性,它只是"可能为真"(《人类理解论》,第4卷,第15章,第3节),而不是确定性。或然性的一个通常可靠的根据,他认为,是证据(testimony)。对于我们很大比例的牢固信念来说,甚至在那些我们能够加以证明的事情中,他认为也都是取决于证据。因此,洛克举了一个例子:一个非数学家可能坚持,而且十分恰当地相信一个三角形的三个内角和等于两直角和,因为一个值得信任的数学家告诉他是这样,虽然只有数学家通过构造了关于那个命题的证明才

知道是这样(《人类理解论》,第 4 卷,第 15 章,第 1 节)。比较而言,在一些宗教事务中,洛克认为我们可能有正当理由把我们对我们认为是神的启示的东西的信念建立在牢固的基础上——洛克把这种同意称为信仰。然而,他强调,如果正确理解的话,理性和信仰并不彼此对立,虽然他也强烈谴责启示范围的明显独断的主张:

> 凡是上帝启示的东西都是确定为真的,不能够对之有任何的怀疑。这就是信仰的恰当对象,但是它是否是神的启示,理性必须加以判断,它决不能允许心灵拒绝一个更大的证据而接受一个较小的证据,它也不会允许接受或然性而反对知识和确定性。
>
> 《人类理解论》,第 4 卷,第 18 章,第 10 节

在绝大多数这些事情中,洛克大体上都是他那个时代的启蒙了的知识分子的代表人物。但是,或许他的认识论和今天的哲学家们的认识论之间最大的鸿沟在于他把"知识"这个术语更为限制性地应用于仅仅描述我们可以确定的东西:

> 因此存在着或然性和确定性、信仰和知识之间的差异,在知识的所有部分中,存在着直觉;每一个当下的观念,每一步都有它的可见的和确定的联系;在信念中则不是这样。
>
> 《人类理解论》,第 4 卷,第 2 章,第 7 节

今天,要是说我们不知道地球是圆的,太阳离我们有几百万英里远,或者拿破仑输掉了滑铁卢战役会被认为是非常奇怪的——然而,按照洛克的标准,不能说我们"知道"这些事情,无论我们如何坚信它们的真理是可辩护的,不管是通过证据还是提供科学的或历史的研究。因此,对于现代人来说,洛克很容易听起来像是怀疑主义,

而这是不恰当的。但是我们不应该把这样一种观点曲解为怀疑主义,即它只是比今天在更为限制的意义上使用"知识"这个词。尽管如此,很清楚,洛克关于知识和信仰之间关系的概念由于和他对宗教宽容问题的态度有关而非常地重要。但是我必须把对这个主题的讨论一直推迟到第6章。

小 结

洛克在《人类理解论》中的认识论方案是替换建立在神授的先天观念学说基础上的对人类知识的解释。他将自己和那个时代的伟大的实验科学家们并列,赞同他们的信念,即通过仔细的观察和审慎的实验我们能够逐渐揭示自然的秘密,并把那种知识变成我们的实际利益以保护人生的舒适和便利,而又不削弱我们对上帝和神意的信仰或者我们作为上帝的被造物对彼此的义务。一些洛克的当代批评者们对他的认识论和传统的宗教信仰之间的相容性并不乐观,也许他们的怀疑被随后的历史发展所证实。但是在洛克本人身上我们似乎发现了一个伟大的心灵,其中宗教信仰和科学态度彼此和谐相处。

拓展阅读

Alexander, Peter 1985: *Ideas, Qualities and Corpuscles: Locke and Boyle on the External World* (Cambridge: Cambridge University Press).

Ayers, Michael 1991: *Locke, Volume: Epistemology* (London New York: Routledge).

Morgan, Michael J. 1977: *Molyneux's Questions: Vision, Touch and the Philosophy of Perception* (Cambridge: Cambridge University

Press).

Wolterstorff, Nicholas 1996: *John Locke and the Ethics of Belief* (Cambridge: Cambridge University Press).

Yolton, John W. 1984: *Perceptual Acquaintance from Descartes to Reid* (Oxford: Blackwell).

第三章 实体和同一性

自从洛克的《人类理解论》首次出版以来，他对实体观念的解释可能比这本书中其他任何一个主题都引起了更多的批评和不一致。如果从今天的哲学视角来看这似乎奇怪的话，那么仅仅是因为近代实体的观念在形而上学中所扮演的角色远没有它在 17 世纪中那么重要。当时，它的哲学重要性与其在神学思想中的中心地位紧密地联系在一起，在那里它求助于对上帝的本质和灵魂不朽的解释。因此，变体学说（doctrine of transubstantiation）——按照这个学说面包和酒能够变成基督的身体和血——以及三位一体学说——根据这个学说，圣父、圣子和圣灵是三个不同的人处于一个不可分的神性之中——由于它们的可理解性,二者都依赖于实体的观念,而如果这个观念受到挑战那么相应地也就要冒被暗中削弱的风险。看起来,保护这个观念免于批评的最为确定的方式似乎就是宣称它是先天的。因此,对洛克时代的宗教独断主义者们来说,他为观念提供一个纯粹的经验主义基础的尝试必然显得极端危险,因为它会招致神学的异端者以及打开通往无神论的大门。

洛克自己清楚地是要捍卫,而不是攻击这个实体的观念,但是不难看出他的许多同时代的读者为什么会把他的辩护看做是令人尴尬的和不充分的。当然,不可否认的是,随后18世纪的著名哲学家像贝克莱和休谟对洛克的实体解释的批评导致了在接下来二百年的大部分时间里西方哲学中的以实体为中心的形而上学几乎完全没落。同情实体观念的哲学家们可能因此觉得——具有某些合理性——对于没能提供对这个观念的更好辩护,洛克有话要说。但是我认为这样一种判断是粗糙的,实体观念的真正朋友应该感谢他鼓励我们让这个观念服从于批判的哲学细察和分析。正如我们将要看到的那样,虽然洛克在他的哲学的这个部分并不完全成功,但是我们仍然可以从他对实体观念的解释中得到许多启发。在本章的后面,我还会谈到洛克对数、统一性和同一性这些观念的相关解释以及他对其中最后一个在人这个特殊的例子中的应用。

洛克的《人类理解论》中的实体和样式

我们现在的首要关切是洛克关于基质(substratum)或一般的纯粹实体(pure substance in general)说了些什么——这两个术语他差不多是交替地使用。但是要理解他对这些声名狼藉的、有争议的术语的使用,我们必须看看它们是如何与他谈及实体的其他两个方面联系起来的。一方面,我们经常发现洛克说到特殊的或个别的实体。另一方面,他几乎很少谈论实体的种类。关于"特殊的实体",

洛克的意思是我们现在所称的特殊的或个别的具体事物(thing)或对象(object)——诸如一个特殊的人,一棵特殊的树,或者一块特殊的岩石。普遍的术语像"人"、"树"和"岩石"——洛克自己给它们造了类术语(sortal terms)这个词——表示各种不同种类的特殊实体。按照洛克的观点,通过代表或表示一个不同的抽象的一般观念(abstract general idea),它们每一个都可以如此(见《人类理解论》第3卷,第3章)。因此,对于洛克来说,由类术语"树"表示的抽象的普遍观念就是一个复杂观念。在洛克看来,当我们把一个特殊的事物归为是一棵树时,我们这样做是因为我们发现其各种不同的可观察到的性质和我们拥有的关于它们的观念的那些性质一致,它们包括在我们认为是由"树"这个词所表示的这个抽象的普遍观念中。这就是洛克的通过抽象而来的极富争议的归类学说(更多的讨论见洛1995,第154-165页)。然而,按照洛克的观点,关于某种实体的抽象的一般观念必定总是包括"支持"和联合那些性质的某种东西的观念,除了那种特殊实体所拥有的各种不同性质——这就是基质或一般的纯粹实体的观念。但是,洛克这么说究竟是什么意思以及他为什么这么说?还是他所说的东西无论按照他本人的术语还是根据今天的形而上学和认识论都是可辩护的吗?

如果不首先限制我关于洛克对特殊实体的谈论的所说内容,我就不能开始解决这些问题,因为在这个问题上他采取了既更为严格又更为松散的谈话方式。按照这种更为松散的谈话方式,日常的中等的(middle-sized)对象诸如树和马的确可以被描述为是"特殊的实体"。但是按照更为严格的谈话方式,洛克似乎认为实际上唯一真正的实体就是:(1)个别的物质物体(individual material bodies)——也就是说,个别的物质原子和这些原子的集合;(2)个别的"有限的精神"(finite spirits)或灵魂(souls);(3)无限的非物质实体(the infinite immaterial substance),据称就是上帝。按照这种解释,正如洛克自己所说的那样,"除了样式或关系,所有其他的东西最终都终结于实体"(《人类理解论》,第 2 卷,第 27 章,第 2 节)。除了这里"所有其他的东西",他显然想要包括复杂的宏观个体在内,诸如植物、动物以及像我们自己这样的人类。然而,为了全面地理解这个方案,我们需要知道洛克究竟把"样式"假设为什么。

事实上,洛克对"样式"这个术语的使用在很大程度上依赖于他在其他方面很想去挑战的经院主义形而上学传统。虽然"实体"(substance)、"属性"(attribute)和"样式"(mode)这三个技术术语是那个传统的核心,但是它却在十七世纪的形而上学中得以幸存并且繁荣起来,尽管还存在着对一般经院哲学的日益增长的敌意。按照当时的流行用法,属性是同一普遍种类的所有特殊实体必然共同具有的普遍特征,而样式则是不同的特殊方式,其中那些属性在不同的特殊实体中得以具现化。例如,一个有限的物质实体,或"物体"(body)——像所有的物质物体——必然显示在空间上广延的属性,必定在任何给定的时间拥有某种特殊的形状(shape),它就是那种属性的样式。需要提醒的是,在日常语言中我们经常使用"特殊的"(particular)来仅仅指"特定的"(specific),因此可能会把一个"特殊的形状"理解为一个特定的,但是仍然是普遍的、能够被许多不同的对象所共享的特征,诸如三角形和方形。但是一个在现在被讨论的意义上的"特殊的形状"被认为其自身就是一个殊相而非共相的某个东西,就此而论是被仅仅一种特殊实体所唯一拥有,即使其他的特殊实体可能拥有恰好相似的形状。

一个广延的、物质的东西的特殊形状自身同样也是一个"实在的存在者"(real being)——但是它不是一个事物,如果事物意味着一个特殊的实体的话。确切地说,它是事物在其中得以广延的一种特殊的方式。就其本身而论,这个形状是一个本体论上依附的(ontologically dependent)存在者,其存在和同一性完全依赖于形状就是那样的那个事物,因为如果没有那个事物就不可能存在,而且无法和其他事物区别开。正如洛克自己所说的那样:"样式……在其自身中并不包含独自持存的假设,而是被认为是实体的依附或感情。"(《人类理解论》,第 2 卷,第 12 章,第 4 节)。现在,按照洛克的更为严格的谈话方式,许多我们倾向于归为特殊实体的中等物质存在者——尤其是高度复杂的个体如植物和动物——准确地说,都只是依附性的存在体(dependent entities),产生于各种复杂的方式,其中物质的普遍属性为物质原子的大量集合所例证。也就是说,严格地说来,它们都只是样式,或者样式的结合。

由于洛克在很大程度上把这种更为严格的谈话方式降低为他的讨论的背景,所以我也将这么做,虽然它对于准确理解他的作为一个整体的形而上学立场是关键的。对于我们现在的目的来说,更具有直接重要性的东西是这样一个事实,即洛克明显是在致力于保存实体和作为他的本体论根本特征的样式与经院主义的区分。因此,即使为了和洛克的较为宽松的谈话方式相一致我们把某种像树或马的东西当作是一个特殊的实体,但是在洛克看来,这仍然需要我们把这样一个事物的特殊的形状、颜色、重量以及诸如此类的东西,一句话,它的所有特殊性质,看做是拥有样式的地位,即看做是在本体论上具有依附性的存在者。但是它们在本体论上依赖于什么呢?这就是基质学说开始起作用的地方。

洛克显然认为,正是因为我们把事物的性质看做是拥有样式的地位或者依附性的存在者,无论什么时候我们看到某些性质在自然中同时得到具现化,我们都不禁假设存在着某种它们的存在和结合都依赖于它的东西:它们"固有地存在于"(inhere)其中的某物和"支撑"它们的某物。这样一个"某物"(something)的观念,他认为,不可避免地被包括在我们关于任何一种实体的抽象的普遍观念中,还有关于各种性质的观念,它们一起被用来决定那个抽象的一般观念是哪一种实体的观念。但是洛克强调这个"某物"是"我们不知道的某物",我们对之没有任何"实证的"观念的东西,但是仅仅是一个模糊的和"相对的"观念(《人类理解论》,第 2 卷,第 23 章,第 3

节)。在把基质的观念描述为一个"相对的"观念时,洛克注意到这一事实,即按照他的解释这个观念仅仅是在支撑(support)这种关系上支撑特殊的性质,虽然附加这一假设即这个"某物"自身并不需要任何相似的"支撑"。但是洛克解释的这个方面能够在多大程度上经得起哲学考察还要拭目以待。

洛克与斯蒂林弗利特的通信

虽然《人类理解论》自身,尤其是第 2 卷的第 23 章"论实体的复杂观念"的部分,构成了洛克关于实体的经过深思熟虑的观点的基本来源,但是他的已出版的和沃塞斯特主教爱德华·斯蒂林弗利特的通信对于解释的目的来说也是极其重要的。因为鉴于一些非常敏锐的同时代人的批评,洛克在这里解释和捍卫了他对实体观念的阐述。作为英格兰教会的最重要代表,斯蒂林弗利特为此感到烦恼,即被他看做是洛克的解释,尤其是对正统基督教的三位一体学说的解释中的危险神学含义。

在与斯蒂林弗利特的通信中,洛克努力地论证他对基质观念的解释尤其不是修正的(revisionary),实际上它和斯蒂林弗利特自己所坚持的实体概念几乎一致。但是我认为,斯蒂林弗利特的最为紧迫的指责,是洛克没有权利按照他本人的意见来支持这样一种基质的观念,因为洛克不能通过经验主义的方式解释我们对基质观念是怎么获得的。按照洛克的观点,基质的观念自身并不是一个感觉或反省的简单观念,因为在他看来所有这些简单观念都是关于各种不同的感觉性质或精神活动的观念——简单说,它们都是属于样式的本体论范畴的存在体的观念。确切地说,基质的观念是一个复杂的观念,心灵据称通过抽象和推理的过程构造了它。但是它是如何做到这一点的?这就是斯蒂林弗利特的问题。

洛克对这个问题的回答似乎是这样的。第一,心灵发现它不能设想任何共同具现化的性质(coinstantiated qualities)的集合——诸如一个特殊的形状、颜色、重量、不可入性等等——可以存在和被结合在一起而不需要某种东西以"支撑"它们的存在和解释它们的结合。也就是说,心灵发现自由漂浮的"一堆"共在性质(compresent qualities)的概念是难以理解的。因此,理性促使我们去假设某种东西的存在,其角色就是支撑这些性质以及把它们结合为一个单一对象的性质。但是,洛克想说的是,心灵早已拥有关于这样一个理由充分的假设的材料,这些材料最终是由感觉和反省的简单观念所提供的,正如他的经验主义所要求的那样。一方面,我们通过抽象的方式拥有关于某物的普遍观念——即关于一个存在体或存在者的观念:因为特殊的感觉性质和精神活动都是存在体或存在者,而且提供范例,抽象过程能够对它们起作用以构成这种类型的抽象的一般观念。另一方面,我们拥有关于支撑的关系的观念,它还是来自于通过抽象和比较的方式所获得的感觉和反省的简单观念,更一般地说,这和洛克关于我们的关系观念之形成的学说是一致的(见《人类理解论》,第 2 卷,第 25 章—第 28 章)。因此心灵能够把基质的观念构造成为这种支撑关系的"未知的"被关系者(relatum)的某种东西的观念,这种支撑关系的其他被关系者是被视为需要这种"支撑"的各种不同的共同具现化的性质。

然而,存在着对我们的基质观念起源的这种解释的明显反驳。一方面,可以说心灵通过抽象和比较获得的关于"支撑"的观念的关系不可能是这种关系,其中共同具现化的性质意味着要支撑一个基质。因为按照洛克本人的原则,后一种关系对于感觉来说是不可理解的,而我们能够通过抽象和比较的方式形成一个观念的任何支撑关系却不会是不可理解的。例如,我们可能会说及支撑一个屋顶的支柱或支撑一本书的桌子,但是这种支撑是一种事物之间的可观察到的关系(至少按照洛克谈论特殊实体的更为宽松的方式)。当然,像基质支撑假设这种意义的任何事物中的性质不可能是好理解的。

当然，在后一种情境中谈论"支撑"充其量包含对这个术语的隐喻性使用，就像它被通俗理解的那样。

公平地说，必须承认洛克自己在他对深奥的和技术的术语的解释中——"实体"这种情形也不例外——喜欢诉诸于词源学。他再三指出，它源于意思是"在……之下"（under）和"站立"（standing）这些拉丁词（见《人类理解论》，第2卷，第23章，第2节）。但是，即使承认大多数我们的技术术语包含有时候被称为"死的隐喻"（dead metaphors）的东西，也还是不清楚在目前这种情形下这会使洛克摆脱困境。因为基质之于性质的关系实际上根本就不可能像支柱和屋顶的关系。后一种关系是因果的和偶然的，而前者明显地不可能是任何一者——如果我们竟然能恰当地谈到在那种情形中获得的一种关系的话。洛克有时候的确把基质说成是一个事物的各种性质的结合的原因（见《人类理解论》，第2卷，第23章，第6节），但是这不能令人信服地被理解为包含着动力因果关系（efficient causation）的普通概念，比如当我们说支柱"导致"了屋顶可以被支撑住。基质和性质之间的关系不是原因和结果的关系，而是一种本体论依附性（ontological dependency）的关系——如果它真的是一种关系，那么这种本体论依附性关系就拥有一种完全是非偶然性的和形而上学的特性。但是心灵是怎么可能通过从感觉和反省的简单观念而来的抽象和比较就被认为构造了这种关系的观念？

此外，还存在另一个问题，就是关于洛克对我们的基质观念起源的解释，这问题和某物的观念在那个解释中所扮演的角色有关系。正如我们已经看到的那样，洛克的暗示是，这就是关于一个存在者或存在体的完全一般的观念，可观察到的项目（items）诸如感觉性质可以为其提供范例。但是，就像洛克似乎假设的那样，如果心灵在经验中能够遇到的唯一存在体就是变成样式的本体论范畴的存在体——"外在的对象给心灵提供感觉性质的观念"（《论人类理解论》，第2卷，第1章，第5节），那么他如何能够避免这种反驳，即作用于我们对这些存在体的观念的抽象仅仅传递一个关于"某物"被限定的(restricted)观念,从而只适用于这种范畴的存在体?在这里一个两难问题似乎威胁到洛克。如果通过对我们的特殊的感觉性质的经验的抽象我们所能够形成的最普遍的抽象观念仅仅包含传递一个关于"某物"被限定的观念,只适用于这种范畴的存在体,那么抽象就不可能用来构造一个不像是性质的某物的观念,正如基质不应该是它一样。另一方面,如果我们从对感觉的特殊物(sensible particulars)的经验中所得到的"某物"的抽象的普遍观念的确是完全普遍的,那么为什么我们把那些特殊物看做是需要某种本体论的"支撑"——为什么我们不可以把它们仅仅看做是存在体或存在者,而不用假设它们是以某种方式非 - 自我 - 实存的(non - self - subsistent)存在体?

我认为,这些问题指向斯蒂林弗利特反对洛克的主要指控的基本合理性(basic soundness)——他不能用他本人的经验主义术语来适当地解释我们是如何开始拥有他说我们所拥有的关于基质的观念。言下之意就是,如果我们的确拥有它,那么这个观念必定只是先天的。由此看来,要么洛克放弃基质的观念,要么他给它一个不同的解释,否则,最后,他就应该撤销对先天观念学说的反对。这最后一个选择,我想,他决不准备考虑。然而,我们马上将会看到,以一种使之既和他的经验主义相容又可以独立加以辩护的方式来修改洛克对基质的解释或许是可能的。

洛克对实体解释的进一步困难

关于这个更为广泛的问题,即洛克的基质学说在哲学上是否站得住脚,按照实际情况来讲,我们应该说什么呢?洛克学者们广泛地假设,如果洛克的学说等于这个观点,即基质就是所谓的"赤裸的殊相"(bare particulars),那么它的确就是在哲学上不可辩护的。一些洛克学者们似乎的确非常相信这一点,以至于在进一步相信洛克不可能傻到主张他们认为是一个明显不可辩护的立场时,他们努力要在他的著作中发现不同于"赤裸的殊相"的对于基质的解释。对此类问题我只想说,在我看来,在解释过去的伟大哲学家们的观点时这是一个危险的步骤,即采取假设他们不会犯我们认为的哲学性错误(philosophical blunders)——特别是那样一种自大的想法,即在关于什么是哲学性错误的问题上,认为我们的见解比过去那些伟大哲学家的见解更为高明。无论如何,在近代有一些杰出的形而上学家,他们在仔细反思了所有对它的常见反驳之后,支持这种赤裸殊相的学说,所以我们不应该未经论证就简单地假定这种学说在哲学上是不可辩护的。

但是洛克对基质的解释事实上使他相信"赤裸的殊相"的存在了吗?一个"赤裸的殊相"似乎是具有同一性但是没有任何属性或自身本质的东西,虽然它同时也是其属性为假定的"载体"(bearer)或"支撑"的这个对象或事物的不可分离的成分。当然,洛克说基质是"我们不知道什么东西"的某物,它的确不只是不为我们所知,而且还是不可知的。但是有时候他也暗示基质可能有一个"本质"(nature),在原则上可能为我们之外的其他理智所知——也许是为天使以及大概是上帝所知,就像下面这一段所暗示的那样:"因此,一般来说实体的抽象而又秘密的本质到底是什么"(《人类理解论》,第 2 卷,第 23 章,第 6 节)以及"但是,对于天使塞拉弗,实体的观念是什么,这个观念有多么清楚……我不确定。"(洛克 1823,第 28 页)然而,与此相对,经常有人反驳说,它会打败这个目的,即诉诸于基质来假设它们能够拥有它们自身的属性,而不是事物的属性。因为如果具有属性的事物需要基质来支撑那些属性而基质自身也是具有属性的事物,那么看上去它们自身将需要其他的基质来支撑它们的属性——如此等等,以至无穷。另一方面,可能有人极力主张,就是只为了实现它们的预期的本体论角色,基质,如果它们存在的话,至少也会需要拥有成为属性的一个载体或支撑这一属性——所以它们不可能是完全没有属性的。于是,对于基质理论来说,这似乎造成了一个不可解决的困难:看来,基质必定是既是没有属性的,又是有属性的——因此不可能存在,否则就是矛盾的。

然而,这种声称的困难实际上有多么紧迫可能有争议,因为很多要取决于这个问题,即我们有资格假设存在什么属性。只是因为基质被认为承受或支撑各种属性,并不能自动地由此得出结论说我们必须把承受或支撑各种属性的这种属性(property)归之于它们——因为我们确实没有资格假设每一个正确地应用于某个存在体的有意义的谓词表达了一个为那个存在体所拥有的相应的性质。另一方面,如果有人可能争辩说,谓词可以正确地应用于各种仅仅通过那些存在体所拥有的属性的存在体,那么由此仍然会得出结论,即一个属性的载体必定拥有属性,即使不能假设存在着诸如成为属性载体的属性的这样一种属性。因此,现在被详细讨论的这个困难是否真的是一个困难取决于这个问题,即它是否真的会战胜诉诸于基质(sbustrata)来假定它们能够拥有属于自身的属性这个目的。

关于这最后一个问题,我本人的观点是,诉诸于基质的目的不会通过假定它们能够拥有属于自身的属性而被击败,尤其是,这种假定不需要使我们遭遇到无穷倒退:但是仅仅是在下面的条件之下,就是,"支撑"一个给定对象的各种属性的基质,或者那些属性"固有地存在于"其中的基质和那个对象自身同一。几乎可以确定的是,这不可能是洛克本人的观点,特别是因为他说基质是完全不可知的(unknown)存在体,而许多他称之为——用他的较为宽松的说话方式——"特殊实体"的拥有属性的对象,诸如树和岩石,都远不是完全不为我们所知的:按照洛克的观点,我们知道它们,因为我们知道它们的一些属性,诸如它们的感觉性质和它们的因果能力。我承认,这可能会使许多哲学家们觉得(它)和任何认为拥有属性的对象的基质就是那个对象本身的基质学说都不一致,但是我不同意这种假设。首先,按照这和假设即属性自身不是独立的存在者,基质被用于扮演其自身不是属性,而是对象的属性可以依靠它而取得存在和同一性的某物的角色。但是拥有给定属性的那个对象至少在形式上有能力扮演这个角色,因为它自身并不是属性。我想,它也不是一个属性的集合或一堆属性。为什么拥有一个对象各种属性的基质必须成为这样的某种东西,它不仅是一种非-属性(non - property),而且,以某种神秘的方式,也是那个对象的组成要素并因此不同于它也不同于基质所承载或支撑的各种属性?

正如我刚才暗示的那样,我更喜欢下面这种解释,按照这种解释,拥有一个对象各种属性的基质应该就和那个对象同一。按照这种解释,最为确定的是,基质不是"赤裸的殊相",一般来说,它们不是"我们不知道什么东西的某物",因为在认识它们的一些属性时我们至少在某种程度上知道它们。因此,正如我说的那样,几乎可以确定的是,这种基质观点不可能被归之于洛克本人。但是我们或许能够说的就是,对于洛克而言存在着接受这种观点的可能性,(这)和他的哲学的许多其他重要的方面是一致的——即使不是全部。记住,按照洛克的观点,理性地迫使我们假定基质存在的东西是我们的这种信念,即性质不可能拥有独立的存在,它们需要"固有地存在"(inhere)于某种其自身不是性质,而是自存的存在体的东西之中。但是为什么要假设,固有性的主体是除其所"支撑"的性质的那个对象之外的任何东西吗?按照我介绍的这种观点,一种性质就是其基质"所有的"性质,它是具备必要条件的对象自身,而不是这个对象的某个特别的组成要素或组成部分。但是这种意义上的"所有性"不应该被认为是表示一种特别的关系,其中两个不同的可分项目能够相互支持——由一种神秘的形而上学联系或粘着剂把它们结合在一起。除了别的问题,在这里引入一种关系将会开始一种恶性的无穷倒退[按照英国哲学家 F. H. Bradley(1846 - 1924)的名字,经常被称为"布拉德雷倒退"(Bradley's regress)]。因为如果我们说,基质和性质需要通过一种特定的关系来彼此附属——称之为"所有性",或者"固有性",或者你意欲的任何东西——那么我们将需要解释那种被假定的关系的每一个被关系者如何依次"附属于"这种关系:我们现在不是只有两个通过"固有性"这种神秘的关系而假定需要彼此"附属"的东西,而是将会有三个,源初的两个加上这种固有性关系本身。为了避免所有这样的荒谬性,我们得承认一个性质对其载体或基质的依附性在性质上是绝对必然的:除了就作为那个对象的性质之外,形而上学必然性这种性质不可能存在,因为它就是那个对象的样式之一——那个对象所是的方式之一——不是以某种方式"附属于"它的某个外来的存在体,也不是以某种方式帮助"组成"或"构成"它的某种东西。

所有这一切洛克或许可能早已都说过了。但是,我认为,他可能会被要求更改他对感觉经验内容的解释,因为他根本不再能毫无压力地说,这种经验只是向我们揭示和对象自身相对的各种对象的性质。这一点也必定是非常有问题的,即他对概念-形成(concept-formation)的经验主义解释是否能够适当地处理目前这个方案所包含的形而上学必然性(metaphysical necessity)这个概念。但是,公平地说,对于今天的概念-形成理论来说这也是一个问题,以至于许多现今的哲学家们成为彻底的怀疑主义者——关于形而上学必然性这个概念——我也这样认为。然而,这是另外一个时间和地点所要谈论的话题了(对这个概念的辩护,见 洛 1998,第 1 章)。

马丁对洛克的基质的解释

在这里,我想说说关于对洛克的基质阐述的一个替代性解释,这一解释已经由 C. B. 马丁(C. B. Martin)提出过了,因为它就其自身而言就是有趣的,而且在某些方面和我本人关于基质的"修正了的"概念相似,虽然它在重要的方面与后者仍有差异。鉴于把我的修正概念归之于洛克本人几乎没有什么实际的希望,就已经给出的理由来说,马丁的解释在这一点上更有希望。像其他的一些评论家们一样,马丁并不想强加给洛克一个关于赤裸殊相学说的粗糙版本。他强调了许多他认为是洛克的深思熟虑的观点。一个是,在他看来,在"对象"的这种意义上即这和"特殊实体"这个术语是可以互换的,洛克并没有把基质看做是对象(见马丁 1980,第 3－4 页)。另一个是,洛克把对象的所有属性或性质都看做自身就是特殊的存在体,而不是"共相",当然,更不是对象(见马丁 1980,第 7 页)。确切地说,一个对象的性质就是关于那个对象的某种东西——它所是的方式。我完全同意。的确,这就是把属性描述为样式的意思。有一个 D. C. 威廉姆斯(D. C. Williams)创造的流行术语几乎可以达到同样的目的,那就是隐喻(见威廉姆斯 1966)。其他的哲学家们则各自称这些东西(items)为个别的偶性(individual accidents)、特殊性质或者抽象的殊相(见坎贝尔 1990)。但是我更喜欢"样式"这个术语,既因为它的久远性(antiquity)又因为洛克本人广泛地使用它。马丁强调(我还是完全同意他的观点),对于洛克来说,如此设想的属性明显地就是依附性的存在者,它们的任何集合也不可能共同地构成一个对象(见马丁 1980,第 7－8 页)。认为一个对象只可能是其属性的总和,正如马丁所说,是混淆了属性的概念(notion of a property)和部分的概念(not on of a part)。一个对象的顶层部分是它的一部分,但是其自身也是一个对象,即使对象的其余部分都被毁灭,它也还是可以存在。相比之下,把一个对象的属性或者这些属性的任何集合看做是能够享有独立的存在,这都是说不通的。

所以,按照马丁的观点,洛克的基质是什么呢?在这里,我应该强调马丁不只是在致力于解释或阐明他认为是洛克关于实体观点的东西这一方案,他是在试着把洛克的解释"重新装饰"为一个独立的有价值的形而上学学说,不过我们还是自己去作解释为好。考虑到这个目标,那么洛克的著作中没有明确的文本可以表明,洛克支持马丁的所有观点,这一事实并不意味着马丁犯了错。只要洛克的著作中没有任何东西明确地排除马丁的解释,而且它与洛克哲学思想的总体框架一致,这就足够了。考虑到这种限制,马丁的暗示就是,洛克的基质既不是一个对象也不是一个性质,而是,确切地说,关于一个对象的东西,它扮演承载(或支撑)那个对象属性的角色,"必定存在关于那个是属性载体的对象的某种东西……关于那个对象的某个东西就是基质。"(马丁1980,第7－8页)这种构想基质的方式清楚地表明,基质和属性一样不可能拥有独立的存在,因此遭到了这种反驳,即并不清楚,为什么不应该存在碰巧不支撑任何属性的"赤裸的"基质。所以按照马丁的解释,属性和基质,以不同的方式,都可以说是对象的不同方面,也就是说,是特殊实体的不同方面,只有后者是自我持存的、本体论上独立的存在体。但是把一个对象的基质看做是那个对象的一种特殊的属性会是错的,因为任何一种性质都仍然会是一种传递的属性,而非属性－载体。

　　十分可信的是,通过强调对洛克而言我们有能力参与到对我们在经验中所遇对象的"局部考虑"的重要性——当然,这种能力是抽象这种精神过程的基础,马丁努力地强调洛克对他关于基质的解释的证明(见马丁1980,第5－6页和9－10页)。因此,当看到某个宏观对象——马丁最喜欢的例子是西番莲果——我们可以有选择地注意其紫色的颜色或其圆圆的形状:从总体上看,这些属性的每一个都是"关于"那个对象的某个东西,而不是那个对象。但是同样地,马丁暗示,我们可以考虑——即使我们实际上不能观察到——它就是"关于"对象的东西,而这个对象是其各种不同属性的载体:它就是"关于"对象的东西,对于我们来说这就需要在我们前面有一个对象,而不是仅有各种共同存在的属性。这个进一步的东西不是,而且从逻辑上也不可能是一种属性,但是也不是一个对象。正如马丁所说的那样,这个对象是"传送的那种属性－载体－各种属性"(the property – bearer – properties, 马丁 1980, 第 6 页),因此是一种复合物或者合成物:但明显地不是一个整体,其各个部分是属性－载体或者基质和各种不同的属性。因为如果一个对象有部分,那么其部分自身也就会是对象,相似地,这些对象也就是属性－载体和属性的复合物。

按照马丁的解释,基质拥有其自身的属性吗?在某种意义上,答案是平淡无奇的"是":它们拥有那个对象的各种属性,在它们就是那些属性的载体的意义上来说,它们承载着那个对象的属性(见马丁 1980,第 6 页)。但是对于马丁来说,这些似乎就是一些哲学家会称之为(和"内在的"相对的)基质的外在的属性的东西,虽然马丁自己在这一点上并不使用这个术语。然而,他的确暗示,基质至少有一个内在的属性,即,成为属性－载体的属性(见马丁 1980,第 6 页)。这让我们回忆起先前的讨论,在那里我指出,基质按照定义来说是属性的载体这个纯粹的事实自身并不意味着基质必定拥有成为一个属性载体的属性,因为我们没有任何权利假设任何这样的属性存在:不是每一个有意义的谓词都必然地表达一个属性。也许,马丁过于轻易地假设基质至少会拥有成为属性－载体的属性。也许,他应该说基质根本就没有什么内在的属性,在这种意义上,至少没有任何"属于它们自身的"属性。对此,可能有人反驳说,即使没有任何诸如作为成为属性载体的属性这样的属性,仅仅是为了成为属性－载体,基质也仍然需要拥有某些内在的属性,或"属于它们自身的"属性。但是有人以马丁为代表,可能会反对这个反驳,极力主张它是建立在一种把基质看做是某种奇怪对象的不合法的趋势之上,而实际上它们就是"关于"对象的某个东西——它们的属性－载体的方面。

马丁的解释,在我看来似乎有许多值得推荐的地方,无论是作为关于实体的形而上学理论还是作为对洛克的解释。它似乎避免了对作为赤裸殊相的基质的粗糙概念的更为明显的反驳。它提供了一个似乎可信的基础,在此基础上可以攻击诸如对象只是属性的集合(collections)或堆积(bundles)的各种理论。它似乎和洛克的抽象主义经验论(abstractionist empiricism)也非常一致。即使如此,我还是不得不说我最终并不相信马丁的解释是完全可以接受的,无论是就其自身而言还是作为对洛克本人关于实体思考中的趋势的解释。

首先,让我们来考虑一下这个问题,即马丁的解释是否正确地确定了洛克思想的趋势。有一个问题关系到我们应该获得我们关于基质观念的方式。对于洛克来说,正如我们知道的那样,所有我们的知性的材料最终必定产生于感觉和反省的简单观念。但是,按照洛克的解释,经验只能向我们揭示感觉事物的性质以及我们本人心灵的活动。现在,抽象的过程——它的确包含着"局部考虑"或"有选择性的注意"——使我们能够设想性质的某些结合而无需考虑在我们的经验中可能偶然伴随它们的其他性质。但是似乎没有任何这样的"局部考虑"可以向我们揭示一个在性质上不是质的(qualitative)感觉对象的任何方面——至少,不是按照洛克的经验主义原则那样揭示的。相反,正如洛克本人试图解释的那样,我们关于基质的观念必定是由心灵的确使用感觉和反省的简单观念所提供的材料所构造的,但是是作为对理性要求的回应,即存在着某物——我们不知道是什么东西——能够使性质得以持存,这些性质并不是自我-持存的存在体自身。因此,看起来,对于洛克来说,基质必定是今天的科学哲学家们会称之为"假设的存在体"(theoretical entities)。如果洛克曾经认为对象——也就是说,特殊实体——而不是仅指它们的性质为我们所经验,那么他或许的确能够说,通过将注意从其性质转移从而对作为对象的某个对象作"局部考虑",我们可以得到基质这个观念,作为担当属性-载体角色的对象的那个方面。但是这并不是洛克如何考虑经验内容的方式。

在我看来,在马丁的解释和洛克的认识论之间的这种明显错搭的症状就是,马丁几乎没有什么机会来解释洛克一再重复坚持我们对于基质的无知,这一事实出现在马丁的有点儿奇怪的话中,即"我们关于基质的一般观念……和关于'属性'自身的抽象的一般观念一样模糊或不可知,至少就象洛克能够看出的那样"(马丁1980,第6页)。按照马丁的解释情况可能是这样,但是正是由于这个原因,在我看来,它不可能被认为是洛克的解释,因为洛克经常强调我们关于基质概念的模糊性。

此外,但也是相关地,在我看来这一点并不清楚,即马丁的解释正确地确定了洛克关于基质的观念应该是关于何物的观念。马丁坚决认为,对于洛克来说,基质一定不是对象,也就是说,自我持存的存在体,而是"关于"对象 因此就其本身来说就是依附性的存在者的某物,和性质差不多是一样的。但是,就洛克关于这件事情所说的一切来看,在我看来他似乎暗示着正好与此(在马丁自己引用的致斯蒂林弗利特的第一封信的一段文字中)相反的观点。关于实体或基质的概念,洛克在这一段中说道:

> 但是这是我迄今能够发现的最好的(解释),不管是在我本人的思想中还是在逻辑学家的书中:因为他们对它的解释或观念是,它就是"Ens"或"res per se subsistens, et substans accidentibus"……简单地说……支持偶性或其他……样式的东西,而作为一种样式或偶性,它自身是没有支持的。
>
> 洛克1823,第8页

这里关键的短语是"res per se subsistens"(字面意思就是,"自己持存的事物")。因为马丁主张(我看它和这一段话并不相容)"洛克对'实体'这个术语的使用……其中它可以和'基质'这个术语相互交换……这与'可以自己持存'的用法非常不同"(马丁1980,第3页)。我承认,某个可以"自己持存"的东西的概念是有歧义的,要么意味着它可以和其他的存在体分别存在的某个东西,要么就意味着是其自身根据的某个东西——既然据推测洛克并不认为可能存在着"赤裸的"基质,所以他也就不会认为在这两种当中的第一种意义上基质能够"自己持存"。然而,马丁似乎坚持这种观点,即洛克的基质在不管哪一种意义上都不可能"自己持存",因为对于马丁来说,基质就是"关于"对象的某个东西,和对象的所有性质差不多一样。

所以,马丁的方案虽然很巧妙,但是我认为它与洛克思想的趋势完全不一致,不管是关于基质是什么,还是关于我们获得关于基质观念的方式。这并不是说,作为对形而上学的一个独立的贡献,马丁对基质的解释就其自身来说可能不是一个好的解释。正如我已经表明的那样,我同意激发马丁解释的许多理由。但是,总的来说,我最终还是更喜欢一种稍微不同的解释。按照这种解释,一个对象的属性的基质被认为就和那个对象同一。当然,根据这种解释,基质肯定就是对象以及"自我持存的"存在体。然而,虽然我把这种解释构想为对洛克的解释和马丁的解释的一种替代性选择,但是我应该提到马丁自己似乎有时也移向它,尤其是在他的讨论的结尾处,他说道:"在这种不完全考虑(也就是说,仅仅被看做是属性的载体)之下的西番莲果……的确就是实体或基质"(马丁1980,第10页)。的确是这样。但是我认为马丁不会轻易说,就像他自己也的确说过的那样,基质是关于对象的某个东西,或者对象的一个组成部分(马丁1980,第7页),基质自身并不是对象。

实体和实在本质

对洛克的实体观点的任何讨论都将是不完全的,如果没有提及这些观点如何与他的"实在本质"以及他对这种本质和"名义本质"之间的区分联系在一起的话。在某个时间洛克曾说:

通过收集这些简单观念的结合,我们开始拥有特殊种类的实体的观念,它们是由于经验……而被注意到存在于一起,因此就被认为是来自于特殊的内部构造,或者那种实体的未知的本质中。

《人类理解论》,第 2 卷,第 23 章,第 3 节

我们已经注意到,按照洛克的观点,一种实体的观念是如何成为一种抽象的一般观念的,这种抽象的一般观念聚集某些性质的简单观念,我们经常通过经验发现它们互相伴随。对于洛克来说,这种抽象的一般观念构成了他所称的那种特殊实体的"名义本质"。但是在所引用的段落中,他在不同的意义上使用"本质"这个术语,以指涉实体的"特殊内部构造"——这就是他所谓的"实在本质"。就物质实体来说,他假定这种"内部的构造"会是一种特殊的原子结构,这和他那个时代的最重要的经验主义科学家们诸如罗伯特·波义耳(Robert Boyle)所支持的关于物质的原子论概念一致。当然,在当时原子论还只是一个思辨的假说,这就是为什么洛克把物质实体的实在本质说成是"未知的"的原因。

一些评论者们总是想假设,洛克把任何特殊的物质实体的基质实际上都看做是其实在本质。毕竟,实在本质就像基质一样至少不为我们所知。而且,正如刚才引用的段落所暗示的那样,洛克认为特殊物质实体的可观察的性质依赖于其实在本质——它们据称来自于它。这听上去就像是那些性质被假定依赖于基质。然而,至少有两个考虑使得基质和实在本质是同一的这个假设变得极不可信。第一个是,正如我先前主张的那样,那些性质对洛克的基质的依赖不可能让人信服地被认为是真的在本性上有因果关联,虽然洛克有时的确在这一方面使用因果词汇。第二个是,个别的原子自身就是特殊的物质实体——的确,对于洛克来说,它们比复杂的宏观物质对象在更为严格的意义上更是如此。但是这些原子实体也有它们

自己的特殊性质的形状、不可入性以及诸如此类——也就是说,各种不同的洛克的"第一"(primary)性质。所以,如果存在一个关于各种性质是如何被联系在一起来作为一个单一对象的性质的问题,那么它就是个别物质原子的各种性质所产生的问题,同样也是拥有表现为复杂的原子结构形式的"内部构造"的宏观对象的各种性质所产生的问题。当然,原子自身不应该被认为拥有在这种意义上的任何"内部构造"(这里请注意,我们不应该混淆洛克的假说性"原子"和今天的物理学家们所称的"原子"。后者的确被认为拥有质子、中子和电子的复杂的内部结构。今天的原子和洛克的原子最贴近的等义词可能是所谓的"基本粒子",电子或夸克)。洛克本人完全意识到了这一点,这在下面这一段中有所暗示:

> 如果有任何人被问及颜色或重量中所固有的主体是什么,那么除了不可入的、广延的部分外他没有别的话可说:如果他被要求回答那种不可入性和广延所固有的东西是什么,那么(他只得答复说)某种不知道是什么的东西。
> 《人类理解论》,第2卷,第23章,第2节

因为洛克的原子,正如我刚才说过的那样,当然被认为是拥有诸如不可入性和广延这些性质。

现在让我简要地回到洛克的名义本质概念。按照洛克的观点,特殊实体可以被归为种或类的唯一方式就是通过指涉它们的名义本质,也就是说,指涉那些抽象的普遍观念,在他看来,我们关于这样的种或类的名称就表示:

> 事物在名称之下被分为种或属,只是因为它们和某些抽象观念一致。我们把名称附加给这些抽象观念。
> 《人类理解论》,第3卷,第3章,第15节

当然,这并不是说在我们可以集聚哪些简单观念以构成关于某种真正存在的实体的抽象一般观念方面我们就是完全自由的,因为我们应该只包括关于各种性质的简单观念,我们通过经验发现它们有规则地相互伴随。言下之意仍然是,对于洛克来说,自然不包含独立于我们的抽象和归类实践之外的任何一种或任何一类实体,至少就洛克的较为宽松意义上的复杂的宏观实体来说。这在下面这一段中表现得很清楚:

> 把事物分为各种类……是我们按照我们所拥有的关于它们的观念来做的,……如果我们假设这是由它们的实际的内部构造所做的,以及根据实在本质,现存的事物被自然区分为类,而这取决于我们根据名称把它们区分为类,那么我们可能就会犯大错误。
>
> 《人类理解论》,第3卷,第6章,第13节

洛克因此是一个关于自然发生的宏观实体的种或属的"唯名论者"或者"反实在论者"。自然为我们仅仅提供了各式各样的特殊实体,它们彼此间以多样的方式相似和不同:正是我们把它们归为各种类,并相应地命名它们。正如洛克曾经生动地所说的那样:

> 一般的和普遍的,并不属于事物的实际存在;它们是知性的发明和创造物。
>
> 《人类理解论》,第3卷,第3章,第11节

洛克论数和一的观念

正如我在前面的章节中提到的那样,在《人类理解论》中区分物体的第一性质和第二性质时,众所周知,洛克把数(number)包括在

第一性质当中：

> 因此，准确地说，物体中的性质有三种。第一种，它们的不可入部分的体积、形状、数、位置和运动，或静止……这些我称之为第一性质。
>
> 《人类理解论》，第 2 卷，第 8 章，第 23 节

在《人类理解论》的后面，在题为"论数"的那一章里，他接着说：

> 在我们所拥有的所有观念中，正如没有任何东西比一(unity 或 one)的观念更多地提示给心灵，所以也没有比关于一的观念更为简单的东西：……我们心灵的每一个思想都伴随着这种观念。因为数适用于人、天使、行动、思想，任何要么存在，要么可以被想象的东西。
>
> 《人类理解论》，第 2 卷，第 8 章，第 23 节

和洛克关于数和一(unity)的观点几乎一样出名的是贝克莱对这种观点的独断的否认，无论是在他的《人类知识原则》中，还是在他的早期著作《视觉新论》里。因此，例如，在后者的第 109 节中贝克莱严厉地断言：

> 数……完全是心灵的创造物……随着心灵不同地结合其观念、单位也在变化：正如单位一样，所以数(它只是单位的集合)也变化。我们称一个窗户为一，一根烟囱为一，然而一个有许多窗户和许多烟囱的房子有同样的权利被称为一，而一座城市则需要许多的房子。
>
> 贝克莱 1975，第 40 页

著名的德国数学哲学家戈特勒布·弗雷格(Gottlob Frege)在他的极有影响的著作《算术的基础》(弗雷格1953)中带着明显的赞许引用了这一段文字。的确,弗雷格对今天的语言哲学和数学哲学的影响非常大,以至于他对数和一的观点现在几乎已经完全压倒了洛克所提出的观点。然而,我应该强调弗雷格本人的观点不应被认为和贝克莱的暗示一致,即数不管怎样都是主观的,或者"完全是心灵的创造物"。他和贝克莱的一致只是扩展到后者对这种观点的拒绝,即像弗雷格所说的那样,"数是外部事物的属性"(弗雷格1953,第27页)。弗雷格本人的观点是,"对数的陈述的内容就是关于概念的断言"。为了阐明他的这个意思,他说道,"如果我说'国王的马车是由四匹马拉着的',那么我就把四这个数指派给了'拉着国王马车的马'这个概念"(弗雷格1953,第59页)。

弗雷格本人在几个场合都诉诸于这种贝克莱引用来拒绝洛克关于数的观点的考虑。例如,他曾经说:

> 数字1……或100或任何其他数字,都不能被说成是就其自身而言属于一堆玩耍的扑克牌,而至多是在考虑到我们选择注意它的方式时才属于它。
>
> 弗雷格1953,第29页

这里的暗示似乎是,从一个观点看是一副牌的东西,从另一个观点看就是五十二张牌,然而再从另一个观点看它又是四种花色的牌,如此等等。即使如此,各种迹象表明弗雷格对于贝克莱的赞同是摇摆不定的,而不仅仅是在对于贝克莱关于数的主观主义的解释上。确切地说,要辨别这种处置事物方式中潜在的这个问题的不一致并不难。在弗雷格著作的另一段话中这种不一致近乎浮于表面了,在那里他说:"虽然看着同一个外部的现象,我可以带有同样的真理性说'它是一个小林子'以及'它是五棵树'"(弗雷格1953,第

59页)。因为弗雷格怎么能说同一个(one and the same)"外部现象"既是一个林子又是五棵树呢?这个既是单一的林子又是五棵不同的树的"它"是什么?弗雷格显然意识到这个困难,因为在第一次提出那副扑克牌的例子中,他说:

> 如果我把一堆扑克牌放在(某人的)手里说:找到这些牌的数字,但并没有告诉他我是想希望知道牌的数字,还是全部那副牌的数字,还是甚至说出斯卡特牌戏中点数最大的牌的数字。给了他手里这副牌却没有给他要去研究的这个对象;我必须加上某个进一步的词——牌,或一副牌,或点数最大的牌。
>
> 弗雷格1953,第28-29页

显然,弗雷格并不真的想说,按照他本人的解释,同一个事物实际上可以既是一又不止一。这就是为什么后来他承认"先前给出的几个例子给人以错误的印象,即不同的数可以属于相同的事物"(弗雷格1953,第61页)。事实上,看起来弗雷格对贝克莱的例子的使用被认为是导致了对数是对象的属性这种观点的归谬法。这种观念似乎是,如果我们假设数是对象的属性,那么我们将不得不说不同的数,具有同样的合法性,可以被指派给相同的那个对象或各种对象:例如,相同的事物可以被认为是一副牌或五十二张牌。然而,困难在于,与给像洛克这样的哲学家所造成的困难完全不一样,以这种方式理解的论证却反过来反对弗雷格自己。应该指出,贝克莱使用那些有争议的例子来试图表明数不是对象的一个"第一性质",对象所拥有的第一性质是独立于心灵之外的:主张数无论如何都不是对象的一个属性,这决不是他的目的的一部分。但是弗雷格清楚地认识到这样说的不一致性,即任何事物都可能同时是一个事物,又不止是一个事物,这种不一致性并不能由于假设数是依赖于心灵的,或者是我们认为它是什么而被消除掉。然而如果这是不一致的,那么它不可能是任何哲学家所致力的某个东西。确切地说,采取这种观点的哲学家必定坚持认为,例如,一副牌不可能被认为是和五十二张不同的牌同一的,即使它可能,当然,被说成是由五十二张牌构成。这就是他自己不管怎样都想说的那一类事情。

弗雷格还有关于一的观念的相关评论,它们同样不是令人满意的。这里他再次追随贝克莱——贝克莱对洛克的这一建议表示不屑,即一的观念伴随着每一个其他的观念,说他在他本人的心灵中没能够发现这样的观念。显然,洛克所建议的部分内容是,凡是存在的或可以存在的一切事物都是"一"(one)或某个"一"(unit):那仅仅是依靠成为它自己以及和别的其他任何东西区分开来,每一个事物都有"一"。但是弗雷格和贝克莱一样轻视这个建议。他讽刺地评论道:

> 它必定立刻会使我们觉得这个观点非常卓越,即每一个单一的事物都应该拥有(成为"一")这种属性。概念的这个内容随着其广延的增加而减少,如果其广延变成无所不包,那么其内容则必定完全消失。
>
> 弗雷格1953,第40页

但是弗雷格的这个论证已是事与愿违。的确,弗雷格自己和大多数其他的哲学家们一起,会承认自我-同一性(self-identity)这个概念适用于不管一切什么东西,但是却不能因为从所有的内容中消除了那个概念的缘故而被定罪。

现在,如果我们要认真对待洛克的建议,即数是对象的一种属性,那么显然可以被指派给一个单一事物的唯一的数——贝克莱的反驳已经被驳斥过了——就是一。但是这当然就意味着,除了一之外的数只能被指派给不止一个事物,也就是说,许多的事物(pluralities of things)。例如,我们说行星在数字上是九个,就像希腊神话中的缪斯一样。在"行星是九个"这个句子中,主词语"行星"(the planets)以复数的形式指木星、金星、地球、火星、木星、土星、天王星、海王星和冥王星,谓词把成为九这个属性归之于那个复数(plurality)。这里我们不应该被这一事实所误导,即术语"那个复数"在语法形式上是单数的。它并不表示在行星自身之外还存在着某个进一步的东西,"行星的复数"。但是,现在注意,既然复数存在,而且自身不是单一的事物,弗雷格对"成为一"这个概念的反驳——其广延将是"无所不包的"——不仅是误导的,而且依赖于一个错误的假设。因为这个概念并不适用于,例如行星或缪斯。确切地说,"成为九"这个概念适用于这些。

我在这一节中关心的就是为洛克的这种观点辩护,即数是对象的属性,反对弗雷格的反驳。但是迄今为止我还没有提到一个似乎对弗雷格特别有影响的考虑。这是洛克的观点在无或零这个数的情况下所遇到的一个明显的问题。正如弗雷格说的那样,"如果我说'金星有 0 个卫星',那么就完全不存在任何可以被断言的卫星或者卫星的聚集这样的东西"(弗雷格 1953,第 59 页)。换句话说,即使我们可以主张成为一的属性就是一个对象能够而且的确必须拥有的一种属性,比一大的那些数可以为许多对象所拥有,但是看起来也不可能有任何对象拥有成为零的属性。相比之下,金星的卫星这个概念显然可以指派那种"其下不包括任何东西"的属性给它,这就是弗雷格建议我们如何理解"金星有 0 个卫星"这个断言的方式。一个拥护洛克关于数的观点的人怎么才能回应这种反驳呢?可以指出的是,虽然对于一个像弗雷格这样的数学家来说把"零"看做是表示一个数这是很自然的,但是大多数的平常人至多把它当作是一个准备拿来讲的拙劣玩笑,说,在一个封了口的信封里有许多刚刚已经被给过他们的英镑纸币,而事实上信封是空的。"哦,我的确说了许多英镑纸币——无也是一个数",这个答复对于安慰那个生气的收信人没有任何作用。零这个符号的引入无疑是数学史上的一个重要的里程碑,但是我们不应该假设它在计算中的功用依赖于它实际上表示任何东西。尤其是,我们不应该无批判地接受流行的标准观点,即"零"表示空集,因为完全不清楚这样一个集合的概念真的有意义。我们被告知关于空集的一切就是(1)它是一个集合,(2)它没有任何的数以及(3)它在所有的集合中是独一无二的。然而,在集合-理论的意义上,有许多"没有任何成员"的事物,也就是说,不是集合的所有事物。完全清楚的是,为什么这些事物没有任何成员,因为它们不是集合。尚不清楚的是,怎么会有没有任何成员的集合。我们不可能通过纯粹的规定来把这样一个存在体变成存在,虽然在我看来这就是许多数学哲学家们,包括弗雷格自己,实际上试着做的事情。所以,我代表洛克对弗雷格所提出的反驳的答复是,成为一的属性为什么不能被任何对象或许多对象所拥有的理由就是不存在任何像零这样的数,因此也不存在任何诸如成为零的属性这样的属性。

洛克论同一性和人格同一性

我把前面对洛克关于数和统一性观点的讨论包括在内,因为很不公正的是它们在今天倾向于要么被完全忽视,要么就被作为明显的错误而打发掉。但是我这样做也是因为它有助于让我们对他的甚至更为重要的关于同一性的观点做好准备。必须说,这些观点已经被其他的评论者们和批评家们非常广泛地讨论过。部分地由于这个原因,我将在我谈论它们的东西中相对地有所选择,充分地集中于一些不太熟悉的论点上,同时仍然设法确保洛克学说的核心特征可以清楚地被看出。也许,关于洛克论人格同一性所写的东西比其他任何个别的洛克的主题都要多,对于这个主题洛克学者们尤其容易产生分歧。对这个主题的探讨只有用一本书的长度才能够对它或者对讨论它的无数的二手材料作出公道的评论。我在这里希望能够做的最好之处就是给予读者一个对它所提出的一些重要问题的品读。

我先前说过,和弗雷格的那副扑克牌的例子相联系,洛克自己会完全愉快地同意,一副牌不可能与52张不同的牌同一,即使它被说成是由52张不同的牌构成。这是洛克关于同一性观念的最伟大洞见的含义,被压缩在他的这一观察之中,即"这就是属于(一个)名称的观念,这必定就是同一性"(《人类理解论》,第2卷,第27章,第7节)。正是这个洞见使他随后说出这句话:"因为被假设了要发现人格同一性存在的地方,所以我们必须考虑人代表着什么。"(《人类理解论》,第2卷,第27章,第9节)在这里,洛克的基本要点是,在一种或一类事物的情形中为同一性、多样性所作的东西不可能在另一种或另一类事物的情形中同样可行。每一个类术语或名称——"类的"(sortal)这个表达是洛克本人的新造词——带有关于这些条件的含义,在这些条件之下符合那个名称的特殊事物能够或不能够彼此相同一。

我们可以把这些条件称作特殊事物的同一性条件,这些事物属于讨论中的类术语所命名的那一种或那一类(虽然"同一性条件"事实上并不是洛克自己使用的一个短语)。像我说的那样,洛克的最伟大的洞见是,某一种事物的同一性条件不需要和另一种事物的同一性条件相同。的确,洛克说得很好,人格(persons)的同一性条件和动物以及其他的生命有机体的同一性条件不一样,而它们反过来也和纯粹的物质的物体不一样。回到弗雷格的那副扑克牌的例子上,我们同样可以说一副牌中的个别牌的同一性条件和那副牌自身的同一性条件不同。因此,例如,如果我把一副牌中的一张牌换成一张新的,比如说,如果我用一个新的梅花十换旧的梅花十,那么,严格地说,我手中就有了一副不同的扑克牌。一副扑克牌,我们可以说,其同一性取决于属于它的五十二张个别的牌。相比之下,我可以换构成任何个别牌的一小部分纸,例如,如果它以某种方式被稍稍毁坏了些,却并没有因此得到一张不同的牌。一张个别的牌,我们可以说,其同一性并不取决于在任何给定的时间偶然构成它的那张纸,因为至少那张纸的一些可以被新的和不同的纸所替换而不影响讨论中的这张牌的同一性。

洛克对他的重要洞见的首次应用之一就是作出这一区分,即他在他称为"物体"(bodies)或"块"(masses)的东西的同一性条件和生命有机体之间所作的区分。看起来,关于洛克的物体或块的例子就是某种像一块金子或一支粉笔的东西——也许是从金子和粉笔是不同种类的材料这一事实中抽象出来的,因为洛克可能承认相同的物体或块在原则上能够从在一个时间里是金子变成在另一个时间里是粉笔。出于对他那个时代最伟大的科学家们所支持的关于物质的原子理论的尊崇,洛克假定,所有的块最终都是由不可分的物质原子所构成的。就物体或块的同一性条件而言,他的方案是:

> 虽然许多原子以结合在一起的方式存在,但是由相同原子构成的块必定是相同的块,决不要让部分被如此不同地搞乱:但是如果其中一个原子被去掉,或者加入一个新的原子,那么它就不再是相同的块或相同的物体。
>
> 《人类理解论》,第 2 卷,第 27 章,第 3 节

换句话说,洛克认为,物体或块的同一性取决于构成它的原子的同一性:改变那些原子中的一个就改变了那一块的同一性,就像改变一副扑克牌中的一张牌就改变了那副牌的同一性一样。相比之下,洛克关于生命有机体的同一性说出了这一点:

> 在有生命生物的状态中,它们的同一性并不取决于相同粒子的一块(a mass),而是某个别的东西。因为在它们身上大块

的(great parcels)物质的变体并不改变同一性。

《人类理解论》,第 2 卷,第 27 章,第 3 节

洛克的观点是,一个生命有机体——用他本人的一个例子,诸如一棵橡树——通过生长、新陈代谢和腐朽这些过程而经常失去和获得物质粒子,按照这种解释,一点儿也不用我们来说:严格地讲以及在实际上,我们在这样一种得或失的前后就拥有了不同的橡树,就像在诸块金子或各枝粉笔的情形中我们说的同样的话一样。所以,在像一棵橡树的某物的情形中,究竟是什么导致了相同性和差异性呢?洛克的回答如下:

> 一棵橡树不同于一块物质的地方……在我看来似乎是在于这一点:一个仅仅是物质粒子的结合,不管如何结合起来,另一个则是它们的这样一种排列构成了一棵橡树的各个部分。这些部分的这样一种组织适合于接受和分配营养以继续构成橡树的木头、树皮和树叶,等等,其中存在着这种植物的生命。

《人类理解论》,第 2 卷,第 27 章,第 4 节

简而言之,我们会继续拥有相同的橡树,如果——不管物质粒子的任何变化——在任何给定的时间所包含的各种粒子继续维持着相同的生命。因此,如果一棵橡树死了,而许多年后,它死亡时构成它的物质粒子偶然再次构成一棵橡树,这将不会是同一棵橡树,因为第一棵树的同一性所依赖的生命过程可能已经终结了,新的生命过程从第二棵树开始了。

我们现在有能力考虑洛克对人格同一性的解释,它开始于先前引用过的话,即"由于被假设要发现人格同一性存在的地方,所以我们必须考虑人格代表着什么"(《人类理解论》,第 2 卷,第 27 章,第 9 节)。洛克对这里提出的问题的回答是说,他认为一个人格是:

> 一个思维着的理智存在者,具有理性和反思,能够把自己认作是自己,也就是在不同的时间和地点的相同的思维着的东西。只有通过那种意识它才能做到这一点,才与思维不可分离。在我看来,这对它似乎是至关重要的。
>
> 《人类理解论》,第 2 卷,第 27 章,第 9 节

因此,对于洛克来说,人格的定义性特征就是理性(rationality)和意识,包括自我意识。按照这种回答,于是他提出:

> 因为意识总是伴随着思维,所以正是它使每一个人成为他称之为自我的东西,并且因此把他自己和所有其他的思维着的事物区分开来,人格同一性,也就是一个理性存在者的相同性,仅仅只存在于这一点。就这种意识能够向后扩展至任何过去的行动或思想,以至于达到那个人的同一性而言,现在的这个自我和过去的那个自我是相同的;正是这个通过相同的自我和现在反思着它的这个当下的自我,行动才得以实现。
>
> 《人类理解论》,第 2 卷,第 27 章,第 9 节

洛克强调,人格(person)的观念和人(man)的观念或者动物(human animal)的观念都是非常不同的。这就是他说到的某种"理性的鹦鹉"(rational parrot)这个多少有点难以置信的故事的寓意,因为这个鹦鹉大概会让到访者惊讶于能够进行聪明的对话(《人类理解论》,第 2 卷,第 27 章,第 8 节)。按照洛克的解释,这样一个生物有资格作为一个人格,虽然明显地不能作为一个人。因此,洛克坚持人格同一性不应该和动物同一性相混淆:导致一个人格的相同性的东西不同于导致任何动物的相同性的东西,包括人——就像下面这一段所表明的那样:

> 通过恒常流动的物质粒子,连续充满活力地结合于相同的组织好了的物体,相同的人的同一性存在于……不是别的,而就是相同的连续生命的参与。
>
> 《人类理解论》,第 2 卷,第 27 章,第 9 节

即使如此,洛克的确看到动物同一性和人格同一性之间的确定的类比,正如另一段所说的那样:

> 不同的实体,由于相同的意识(它们的确参与到其中)而被结合于一个人格之中,就像不同的物体由于相同的生命而被结合于一个动物之中一样,其同一性由于一个连续生命的统一性而在实体的变化中得以保存。
>
> 《人类理解论》,第 2 卷,第 27 章,第 9 节

洛克这里的思想似乎是下面这样。我们已经看到他是如何认为动物同一性存在于不断变化的物质粒子在相同的连续的生命过程中的参与。现在他似乎是在暗示人格同一性相似地也存在于接续的精神实体的参与中——也就是,非物质的像灵魂一样的存在体——在意识的相同的连续过程中。回忆一下这一点是个好主意,即对于洛克来说,那些是"特殊实体"的唯一事物严格地说就是:(1)个别的物质原子和这些原子的更大的"块",(2)个别的"有限的精神"或灵魂以及(3)上帝——据称是一个无限的非物质的实体。按照洛克的观点,动物严格地说不是"特殊实体",因为虽然它们贯穿其存在的终始都是必然地由物质粒子所构成,但是它们没有被认为和这些粒子的块同一,因为动物和物质的块拥有不同的同一性条件。确切地说,它们是"样式"。同样地,看上去,对于洛克来说像我们自己的人格严格地讲也不是"特殊实体",因为他们不能被视为与精神实体同一,这些精神实体据称是意识和思想的属性的载体。看

起来，我们真的也只是"样式"。不难想象，这种暗示对于洛克时代的宗教独断主义者们来说会有多么反感。（然而，公平地说，我应该强调，这种人格的观点——我不只是把它归之于洛克——在《人类理解论》的某些部分中至多仅仅是含蓄的，而且很难看出来，在其他的部分里表面上甚至还是矛盾的——考虑到《人类理解论》长期的构思和经常修改，这个事实就不足为怪了）。

这里值得一提的是，洛克的确一度推测（这一推测很有名），上帝凭借他的全能可能已把一种思想或意识的能力"添加到"物质上去了（《人类理解论》，第4卷，第3章，第6节）。这一暗示对于洛克的神学对手们来说更让他们反感。即使如此，洛克显然还是认为很有可能的是，我们事实上的确拥有非物质的灵魂，思想和意识是这些精神实体的属性。一句话，正是我的灵魂"在"我"之中"思想。然而，他坚持认为我们作为人格的同一性在逻辑上并不取决于作为精神实体的我们的灵魂的同一性。他的观点是，他认为可以想见同一个人格在他的或她的存在期间经历了精神实体的变化——同样可以想见的是，同一个精神实体连续地用作两个不同的人格的灵魂。按照洛克的观点，第一种可能性所需要的一切是我现在的灵魂应该意识到——也就是，记得——我的过去的灵魂的思想和经验。相似地，第二种可能性所需要的一切是我的灵魂应该是意识不到——也就是，没有记得——思想和经验。洛克诉诸某些想象的例子来试着使我们确信这些可能性。

但是，洛克对人格和人格同一性的解释真的说得通吗？很难看出它是如何做到的。因为如果我们承认在我们身上存在着进行思维的灵魂，那么我们当然就必须承认那些灵魂自身就是人格，因为它们看来似乎满足洛克对人格的定义——它们是思维着的，有自我意识的存在者。然而，按照洛克的解释，看上去我的灵魂不可能是我所是的那个相同的人格，因为我据称可以获得一个新的灵魂，而它据称可以成为其他人的灵魂。按照洛克的解释，我的灵魂和我是两个十分不同种类的事物,具有不同的同一性条件——在我的灵魂和我中,唯独我据称拥有一个人格的同一性条件,尽管按照洛克的定义我的灵魂有资格作为一个人格。对于这些困难的恰当解决,我认为,就是拒绝洛克关于人格和思维实体之间的这个区分。我认为,我们应该说,无论如何人格都是思维实体。但是因此我们不需要假设它们是"非物质的灵魂"。如果非物质灵魂的概念自身容易受到关于我的灵魂是否一夜之间已经改变了或者可能和某个古希腊人的灵魂同一这个怀疑主义的怀疑——如洛克的虚构例子之———那么更加糟糕的是"思维实体"这个概念。我们可以构造的关于思维实体的最好概念,我建议,就是人格的概念,我们自己可以提供关于这个存在者的范畴的范例。

洛克对人格同一性的解释的另一个明显的问题是,这使他说如果我真的不能回忆关于某人的过去的思想和事迹,那么我就完全不可能和那个拥有那些思想和做过那些事迹的人是相同的人。这部分地和洛克的确信有联系——它自身是完全合理的(sensible)——"人格"是"用作行动及其美德的法庭术语"(《人类理解论》,第 2 卷,第 27 章,第 26 节):换句话说,它是一个法律-和-道德(legal-cum-moral)的术语,和我们关于归属责任和赏善罚恶的实践紧密联系。洛克强烈相信,一个人不应该被认为对他或她真的回忆不起来所做过的事情负责或受到惩罚。但是,当然一个人可以同意洛克的观点,即人不应该为他们真的想不起来做过的不端行为受到判罚——所以在这个意义上不应该为之负责——而不同意他说这些人绝不应该被视为是那些不端行为的肇事者,所以在这个意义上不应该为它们"负责任"。

一些近来的作者,诸如德雷克·帕菲特(Derek Parfit)尝试通过修正记忆本应该在那种解释中所扮演的角色来复活一种广泛意义上的洛克对人格同一性的阐述。尤其是,通过抛弃那个明显有问题的断言,即我可以被认为与存在于过去某一时间的某个人格同一,只要我能够记得拥有很少的那个人格当时所拥有的经验(见帕菲特1984)。相反,有人建议,所有必然的东西就是应该有一个在我和那个过去的人格之间的单一的"记忆的相互重叠的链条"(overlapping chain of memories)——这样,例如,如果我能够记得某个人昨天所拥有的经验,而那个人格也能够记得某个人前天所拥有的经验,那么我可能就会被认为与拥有前天那些经验的人格同一,即使我可能现在记不得任何后者的经验。这似乎克服了由苏格兰哲学家托马斯·里德(Thomas Reid,1710-1796)所提出的反对洛克关于人格同一性的解释的著名的困难。里德诉诸于一个上年纪军官的例子,他记得他作为一个勇敢的年轻军官的业绩,但是却不记得作为一个儿童的事情,即使那个年轻军官可以记得他的儿时经验(见里德1975)。问题是,洛克的原始解释要求我们把那个老年军官和那个年轻军官视为同一,以及把那个年轻的军官和那个儿童视为同一,但是没有要求我们把那位老年的军官和那个小孩视为同一,而这似乎是矛盾的。显然,所推荐的对洛克解释的修正并没有遭遇到这种明显的困难。

然而,确实有争议的是,洛克自己是否会欢迎这种修正。同样有争议的是,他是否会接受由约瑟夫·巴特勒(Joseph Butler,1692-1752)提出的另外一个反驳。巴特勒是从前的达勒姆主教,他极力主张洛克对人格同一性的解释是循环论证,因为记忆自身就预设了人格同一性,因此不能被用来解释它(见巴特勒1975)。他的观点是,把关于某种过去经验的真正记忆归之于任何人的先决条件是,一个人将记忆归之属于他的那个人的确就是拥有那种经验的那个人。新洛克修正主义者像帕菲特试图通过诉诸于他们称之为"准记忆"(quasi-memory)的东西的概念而不是记忆的日常概念来避免这个明显的困难。这种"准记忆"应该就是像日常记忆一样,但是没有含义,即在原则上它不能被归之于在经验方面与另一个经历过的人是一个人。但是,我再一次怀疑洛克自己是否会欢迎这个方案。洛克不是一个"技术的"哲学家,同情使用复杂的修正定义来克服对哲学理论的知觉到的反驳。我怀疑他本人对巴特勒和里德的反驳的回应可能是咬牙忍受。也就是说,坚持他的原始解释,否认反驳的力量。无论是巴特勒还是里德都认为人类的人格在这个术语的最严格的意义上说是真正的实体,如果有这个假设,那么他们的以记忆为基础的反驳很可能会有一些力量。但是,正如我试着弄明白的那样,看上去洛克自己并不同意那个假设,而如果没有这个假设,不清楚这些反驳还是否是令人信服的。这就是为什么我认为如果一个人试图挑战洛克对人格同一性的解释,这个人最好直接把目标放在反对讨论中的这个假设上,就像我先前尝试去做的方式那样。

总的说来,洛克对人格以及人格同一性的解释似乎是一个失败,肯定谈不上是完全的成功。但是如果是这样的话,它就是一个崇高的失败,不只是因为它是第一个要在哲学中解决那最深刻和最具挑战性的问题之一的尝试——一个毫无疑问仍然尚未解决的问题。

小　结

洛克的形而上学,虽然在许多方面和他的经院主义前辈们的形而上学并无共鸣,但是却和它一样都有关于个别实体及其特殊属性,或者样式的本体论承诺。然而,他关于实体和样式的本体论与他的经验主义认识论处于某种张力中,因为他似乎坚持认为我们关于感觉的简单观念可以只是物质实体的性质的观念——即样式的观念。但是按照洛克的观点,世界上存在什么个别的实体呢?严格地说,他似乎认为它们只包括个别的物质物体(即物质原子和这些原子的集合体)、有限的精灵或灵魂,以及上帝。这显然暗示,对于洛克而言无论是活着的生物还是人类,严格说来,都是实体,因为他认为无论是活着的生物还是人类都没有物质物体或有限的精灵所具有的同一性条件。按照洛克的观点,活着的生物的同一性依赖于其生命所由构成的过程的连续性,而作为人的同一性则依赖于我们的意识的连续性。生命和意识是过程,而不是实体,因此在洛克的本体论中属于样式的范畴。对于洛克来说,这并不是暗示我就是我的意识,或者是贯穿于我的存在的我的意识状态的总和,同样它也不是暗示一个动物或者一个植物就是其生命过程。言下之意仍然是,在洛克的本体论中的人和活着的生物的地位,严格地说,并不在实体之中,而是"除样式或关系外所有其他的东西最后都终结于实体"(《人类理解论》,第 2 卷,第 27 章,第 2 节)。许多洛克的读者可能没有发现这个关于我们作为人的存在的概念很一致。显然,他的许多历史批评家们也没有发现它。但是如果我们想要挑战它,我们就必须挑战这个位于其核心处的假设:只有物质的物体、有限的精神和上帝,严格地说能够有资格作为实体。

拓展阅读

Alston, William & Bennett, Jonathan 1988: "Locke on People and Substance", *Philosophical Review* 97, pp. 25-46.

Ayers, Michael 1975: "The Ideas of Power and Substance in Locke's Philosophy", *Philosophical Quarterly* 25, pp. 1-27, reprinted in revised form in I. C. Tipton (ed.), *Locke on Human Understanding* (Oxford: Oxford University Press).

Ayers, Michael 1991: *Locke, Volume II: Ontology* (London and New York: Routledge).

Ayers, Michael 1994: "The Foundations of Knowledge and the Logic of Substance: The Structure of Locke's General Philosophy", in G. A. Rogers (ed.), *Locke's Philosophy: Content and Context* (Oxford: Clarendon Press).

Bennett, Jonathan 1987: "Substratum", *History of Philosophy Quarterly* 4, pp. 197 – 215.

Lowe, E. J. 1989: *Kinds of Being: A Study of Individuation, Identity and the Logic of Sortal Terms* (Oxford: Clarendon Press).

McCann, Edwin 1994: "Locke's Philosophy of Body", in Vere Chappell (ed.), *The Cambridge Companion to Locke* (Cambridge University Press).

Noonan, Harold 2003: *Personal Identity*, 2nd edn (London & New York: Routledge).

第四章 语言和意义

如果有一种几乎所有的现代哲学家都一致拒绝的——经常是带着嘲笑——语言的方法,那么它就是观念的方法(ideational approach)——而洛克的语言方法版本就是最平常的攻击靶子。这种语言观点的根本原则如下:第一,语言的基本目的是交流思想;第二,思想自身从根本上说是存在于心灵中的观念的娱乐;第三,词语通过习惯或惯例被用来表示持有它们的心灵中的观念,从而用以表达思想。许多现在的对这种观点的哲学反对最终都来自于戈特洛布·弗雷格和路德维希·维特根斯坦对这种语言概念所产生的敌意。弗雷格强烈地反对语义学、逻辑理论以及数学哲学中的"心理主义",因为他在这里面看到了对受到珍视的逻辑真理和数学真理的客观性的威胁。维特根斯坦则从根本上怀疑任何通过诉诸于据称是"内在的"或"私人的"精神过程来解释语言行为的尝试。但是我认为，十七世纪的哲学家们如洛克在对语言的解释中也许并不像今天的正统派让我们相信的那样错误得如此荒唐和离谱。现代对语言意义的观念解释的反驳经常指向纯粹的稻草人，而不是像洛克那样的哲学家实际所提的那些解释。在本章中我希望确立的一个东西就是，洛克自己确实为我们提供了许多对思想、语言以及它们的相互关系的有价值的洞见，虽然他并没有给我们提供任何像全面的语言意义理论这样的东西。

洛克对语言的解释

在详细地看洛克自己所说的东西之前，我将简要地并且用非常一般的术语来陈述一下我视之为语言的基本哲学问题的东西以及观念理论是如何声称来解决它的。基本的问题我认为是这个，我们是如何能够使用词语——它们本身只是任意的声音或可见的记号——来谈论世界中的事物？也就是说，语言的词语和句子如何获得语义的属性，诸如所指、意义和真理？在本质上，观念理论的回答就是词语是由于被说话者用来表达和交流他们的关于世界中的事物的思想而获得了这些语义属性。也就是说，词语是通过习惯和惯例被用来代表我们关于这些事物的思想而开始成为"关于"这个世界中的事物的。但是如果这样一个回答既不是无意义的也不是循环的，那么它必定被否认说思想自身从本质上说就是语言的。而这恰好就是观念论者拒绝承认的东西。观念论者也许会承认思想有时候是语言的——有时，我们可能的确"用词语思维"——但是依然坚持认为，存在着一个思想的根本层次，在这个层次上它的本质不是语言的而是虚构的。按照观念论者的观点，在这个层次上我们

"用观念思维"。

关于思想的观念论观点的极大优点是,不存在—或者好像存在—关于想象的过程是如何成为"关于"世界中的事物的任何特殊问题或神秘。这是因为这些过程显然是与感知觉过程类似,而且在它们的形式和内容方面最终来自于感知觉过程。感知觉的过程自然是"关于"世界中的事物的,因为进化使它们符合于那个目的。这和语言表达只是按照惯例成为"关于"这些事物的方式形成了鲜明的对比。当然,如果假设关于想象过程如何能够成为"关于"世界中的事物根本不存在任何问题,那也将是错误的。我们不妨称此为想象的意向性(intentionality of imagination)问题——"意向性"是哲学家们现在喜欢用来描述"关于性"(aboutness)的属性的术语,这种"关于性"是句子、思想和其他的表征样式典型拥有的共同之处。然而,这个观点是说从观念论的立场来解决这个问题的希望要比从反对观念论的立场即词语是如何能够成为"关于"世界中的事物的来解决这个问题的希望大得多。这与刚才被暗指的事实有关,即想象及其世间对象之间的联系在性质上是自然的而不是惯例的。表达这种观点的稍带神秘的方式是说,自然给我们首先准备用来思考的事物就是事物——然而它们可能是"它们自身"(in themselves)——就是在本质上给我们的知觉的可能对象。因此,按照思想的观念论观点,这些事物在本质上也是我们可以想象的以及可以思维的。表达这种观点的另一种方式是说,我们构想各种物理对象的能力是和我们关于这些对象是如何显现给我们的一个或更多的感觉形态(sense modalities)这种知识紧密地联系在一起的——例如,它们看上去、听上去以及感觉起来怎么样——所以在想到这些对象时我们必然会利用各种认识能力(recognitional capacities),它们的基本适用范围就存在于感知觉的过程中。

然而,为了准确地理解语言的观念理论,重要的是不要混淆了它活动的两个非常不同但是却又相关的层次。只有在其中的一个层次之上它才应该被看做是提供了一种关于语言意义的解释——语义理论——在多少有点像现代的意义上。所谓"语义理论",我指的是一种关于那些词语－至－世界(word－to－world)关系的理论,这些关系给予语言存在体诸如所指和真理这些属性。历史地说,像洛克的观念论方法的拥护者们事实上并不很忙于从事这个层次,因为他们更关心介绍一种语言表达(linguistic expression)的解释——也就是,一种关于那些词语－至－思想(word－to－thought)关系的理论,它们给予语言存在体一种把一个说话者的思想传达给另一个人的能力。显然,虽然一种词语－至－思想关系的理论可以和一种思想－至－世界的理论———种认知理论——结合起来以产生一种词语－至－世界关系的理论。这是到达语义理论的正确路线,它内在于观念方法之中,虽然其历史的支持者们自己并不很关心去详细计划那条路线。但是,在我看来,观念方法的许多现代批评者们批评它对语言表达的解释,好像它是用来解释语言意义的,结果是观念方法以一种非常荒谬可笑的外表被表征,以至于很难看出像洛克以及在他之前的托马斯·霍布斯这样的著名哲学家怎么竟会持有它的。

　　认识到这一点极为重要,即语言的观念理论并没有荒唐地主张我所说的词语或句子指涉或变成真的或假的。也就是说,这个理论不是在提供一个主观的——的确,几乎是唯我论的——意义理论。对于这种共同误释的解释,我怀疑,就是它恰好产生于观念论的历史支持者及其现代的批评者们之间的兴趣差异。由于首先对语义理论自身感兴趣,批评者们假设当观念论者如此详细地谈论"表示"观念的词语时他们也必定是在提出一个语义论题。他们还在这种事实中为这种假设找到确证,即明确的语义理论很少出现在他们所批评的著作中——不是认识到这种缺失是由于观念论者们对所有的语义理论相对缺少兴趣。

　　现在该是我们开始考察洛克本人对语言解释的时候了,尤其是

当他在《人类理解论》的第 3 卷的前两章中提出它时。第 1 章是以这些话开始的:

> 上帝把人设计为一个社会生物,使他不仅具有意向,以及必然和属于他自己种类的那些人结成伙伴关系,而且也给他提供了语言,这将成为社会的伟大的工具和共同纽带。人因此就其本性来说塑造了他的器官以适合于形成以词语形式发出的声音(articulate sound)。我们称之为词语。但是这并不足以产生语言;因为鹦鹉和其他几种鸟也可以被调教以发出足够明白的词语形式的声音,然而它决不可能拥有语言。
>
> 《人类理解论》,第 3 卷,第 1 章,第 1 节

当然,我们可以质疑我们的语言能力的据称为神赐的起源,因为我们也可以质疑洛克提供的关于我们能够产生以词语形式发出的声音的神学解释。我们可以假设,能够使用语言的生物会使用他们发现最为方便的无论什么种类的物理记号或符号,就人类这种情况而言,碰巧就是嗓音(vocal)。然而,正如洛克指出的那样,鹦鹉也能够发出这些相同的声音,那么鹦鹉缺少什么使得它们不能说话? 洛克回答如下:

> 除了用词语表达的声音……更为必然的是,(人)能够使用这些声音作为内在概念的记号,并且使它们作为代表他本人心灵中的观念的标记,而它们也借此可以为他人所知,人的心灵的思想才可以彼此传达。
>
> 《人类理解论》,第 3 卷,第 1 章,第 2 节

所以鹦鹉所缺少的是思想。它们不能说话,因为它们没有通过说话方式来传达的思想。或者说,至少,它们的发声一定不是被它

们用来表达思想的,即使它们有一些思想。这就是为什么它们的发声并不构成说话(现在,让我们把洛克的"理性鹦鹉"的故事放在一边,这在前一章中已经讨论过了)。显然,虽然洛克这里的假设是人的思想自身在本质上并不是语言的,相反它是虚构的——它是由"观念"构成的。如果思想自身被认为是在本质上包含说话——不管是公开的还是隐秘的,以"沉默的独白"(silent soliloquy)这种形式——那么,正如我已经强调过的那样,一种诸如洛克这样的理论就会是无意义的。因为,如果就像洛克想说的那样,使一个发声的说话和作为纯粹的含糊咕哝相对立的东西就是,前者表示思想,然而思想自身在本质上包括对词语的使用,那么我们就需要进一步的标准来区分"以思想的方式"使用的词语和那些不是这样的词语。

现在,我们是在最根本的层次上"用观念思维"这种暗示,可能轻易地被不表同情的批评者们弄得看上去似乎十分可笑:例如,由于误将"观念"当作是精神影像——漂浮在心灵的眼睛前面的幽灵般图画。然而,正如我们在第3章中所看到的那样,它很容易引起这个问题,即甚至洛克自己是否同意关于观念的这种朴素的概念——当然,这个概念对于思想的观念理论来说决不是必不可少的。我过一会还会回到这个问题,但是首先我想再次强调想象和知觉之间的紧密关系。差不多有人会说,想象是知觉的一种替代物——运用一个人的想象力就是要练习或预期知觉经验的实际的或可能的片段,虽然带有某种程度的自主控制,这典型地是知觉自身所缺少的(在知觉中,一个人能够随意地管理其注意力,但是一旦一个人在聚集其注意力时,却几乎不能自主地控制知觉到的东西)。像知觉一样,通过指涉其感觉的样式,想象力可以进行归类——因此我们就有视觉的、听觉的和触觉的想象力,正如我们拥有知觉的这些形式。毫不奇怪,有神经心理学的和神经生理学的证据表明,大脑的许多相同领域典型地参与想象中,正如参与知觉一样。无疑,关于想象及其和知觉的关系还可以说更多,但是这些观察应该足以强调那种关系的亲密性。

对于我们现在的目的来说尤其重要的是这个事实,即一个人经常在知觉到一个情境时就会理解它,而且这种非推论的或直觉的理解也被带入到想象的过程中。例如,在观察一起马路事故时,一个人可能以一种整体的方式记录发生在其眼前的一切。一个人对这种情境的理解并不是思想中场景的相继表达的产物。它当然也不是用词语向自己轻声地描述正在发生的事情。但是,以非常相同的方式,一个人可能想象这样一起马路事故——被包含的那种理解还是直觉的或非推论的。一个人在当时所做的事情就是"用观念思维"而不是用词语。但是这种思想当然不是遇到一个人可以称之为精神"影像"的任何东西的事情。毕竟,影像或图画需要解释以便被理解,而我所说的关于想象性思想的东西是包含于其中的理解和想象性过程自身是完整的,而不是由一个进一步的思维方式加在它身上的。很明显,考虑到这一点,多少有点不幸的是,我们把想象称作我们所做的事情,因为它在实际上并没有包含由一个"内在的眼睛"用来仔细考察"影像"。毫无疑问,这个术语部分地是讨论中的那个过程的本质的错误概念的产物,这就是为什么我有时候更喜欢称它为"观念的构成"(ideation),因为这是一个技术术语,在误导的内涵方面不承担什么责任。

洛克对读写能力偏见的回应

我怀疑许多现代哲学家倾向于低估虚构思想的范围和多样性的一个理由就是他们屈从于读写能力的偏见,这导致他们夸大了推论性思维的重要性。不识字的人和不善表达的人经常抱怨他们可以完全清楚地理解一些事情,但就是不能用说话的方式适当地表达这种理解——他们宣称他们不能"用词语"来说出他们所想的东西。语言哲学家们倾向于不理会这些声音,论证是人们是否真的理解某种事情的唯一满意的测试就是他们是否能够清楚地陈述他们用语言所表达的意思。如果他们不能,有人就假设他们显然只是处于理解的错觉之下。这里我们看到对读写能力的偏见在起作用。因为哲学家们自己通常是极为擅长表达,所以他们发现他们本人思想中缺乏明晰性一般就会反映在不清楚的语言表达中——结果是,他们倾向于以同样的方式来看待其余的人。但是我刚才提到的这个论证,即表达明晰性是思想明晰性的唯一令人满意的标准,明显是错误的。因为清楚的思想和理解当然可能显示在非语言的行为中,就像在说话和写作中一样。

那些对无需语言的思想的可能性持怀疑态度的哲学家们最好还是反思一段威廉·詹姆斯的《心理学原理》中的著名的话(这里我只引用了一小部分),其中记录了对一个聋哑者童年时代的值得注意的回忆:

> 在我开始入门学习初步的书面文字之前大约两三年……我开始问自己这个问题:世界是怎么形成的?当我突然想到这个问题时,我决心长时间来仔细地思考它。我的好奇心即关于人的生命初次出现在地球上的起源是什么被唤醒了……还有地球、太阳、月亮和恒星的存在的原因。
>
> 詹姆斯1890,第1卷,第266页及后面的页数

如果它们是可信的,那么这些记忆就是非推论性思维能力的证据。看起来,这个儿童完全能够以非语言的方式思考抽象物和一般物,就和思考具体物和特殊物一样。

洛克自己对于那些假设语言是抽象思想和一般思想的一个固有的高级工具的那些人有一些初步的回答,他说:

> 那些被用来代表行动以及远离感觉的概念的词语,就是从

这里产生的,并且从明显的感觉观念转移至更为抽象的意义,并且被用来代表那些不是出于我们的感觉认知之下的观念,想象、领会、理解、坚持、构想、灌输、厌恶、烦恼、宁静等都是来自于感觉事物的活动。

《人类理解论》,第 3 卷,第 1 章,第 5 节

洛克在这里所暗示的就是词源学背叛了这个事实,即我们用来讨论更为"深奥的"主题的语言在很大程度上是通过对建立在我们对具体的、知觉事物的直觉理解之上的隐喻和明喻的使用而发展起来的(回忆一下他的——不完全成功——把这种思想线索应用于我们对基质的谈论,最后一章中将加以讨论)。但是如果语言的范围以这种方式扩展的话,那么虚构的思想自身的范围也可以如此。的确,按照像洛克这样的观念论者的观点,这两种发展几乎不可避免地会齐头并进。我们决不应该低估虚构模型以及隐喻在我们理解甚至最抽象和最复杂主题中的重要性。例如,考虑一下图表和图解在数学以及逻辑中的启发价值,或者视觉模型和物理模型在发展原子和分子结构的科学理论中的历史角色。

当然,必须承认,在一个像数学思维这样的领域中,我们大多数人在很大程度上还是依靠费力获得按照形式规则来支配各种符号的能力。但是无需为了观念理论的利益而断言,凡是能够用语言进行思想的同样也能"用观念"进行思想。一个人可能会轻易地承认,例如,一个完全缺乏语言的生物决不可能持有明天是星期四这种思想,因为除了用它们的名称和这些名称在我们历法系统中的排序方式之外,我们没有任何方式区分一周中的天数。观念理论足以能够反驳这种指责,即就其本质来说虚构的思想局限于具体物和特殊物,或者局限于此地和此时。然而,同时,我们不应该让自己被熟悉词语以及我们可以用它们的能力而欺骗,以至于高估日常语言为清楚的和确定的思想提供手段的程度。洛克和他的同时代人对语言

的不足及其易于被滥用的思考,比某些现代哲学家所认为的要敏锐得多。语言覆盖的各种思想经常没有它们的衣着光鲜。

十分常见的是,语言的观念理论被其贬低者们描述为主张说话者和听话者经常从事着把观念翻译为词语和把词语翻译为观念的过程,并经常被他们按照这种解释进行批评。但是这种描述是一种曲解,因为它把一种准语言的模型强加给思想的观念理论——虽然"观念"在所谓的"思想的语言"中占据着一个词语似的角色。许多现代的心灵哲学家们事实上十分明确地采取了这种"思想的语言"假说(见福多 1975)以及随之而来的自然语言理解的理论,这种理论把说话者描述为对这种假设的语言,有时候被称作"心理语"(Mentalese),作译入或译出。但是,无论这样一种翻译模型对于这样一个理论来说可能会怎样的恰当,但是为了像洛克这样的观念理论的目的而诉诸于它则明显是不恰当的。毕竟,按照其提倡者们的观点,"心理语"至少据称在拥有准 – 词汇符号要素方面是像语言一样的,这些要素结合起来以构成像句子一样的句法结构。但是在把观念思维描述为"非推论的"时,我的准确意思是它没有显示任何可以合法地被称为"句法结构"的东西。因为缺乏任何这样的结构,它就不能真正被置于任何翻译至语言表达的关系之中。"是……的翻译"是一种在两种像语言一样的表象之间维持的关系,当它们拥有相同的意义时,也就是,当它们拥有相同的语义属性时。但是,正如我们已经看到的那样,按照观念论者的方法,至关重要的是不要混淆语义的(word – to – world)关系和认知的(thought – to – world)关系。因此,才把思想和语言之间的表达性关系看做是一种翻译的关系。的确,观念论者必须把"思想的语言"这种假说,及其伴随的对自然语言理解的解释看做是在这一点上犯有严重混淆的过失。

为了观念论的利益需要强调另一点,即它的支持者们能够十分一致地承认我们的大量思维是"用词语"进行的,即使当它涉及可以非推论地被思考的事情时也是这样。也就是说,用诸如英语和法语这样的日常自然语言的词语。这样的思维事实上经常存在于想象的话语中,因此仍然包含"拥有观念",虽然是关于词语的听觉观念。但是观念论者会补充说使这种推论性思想成为关于语言以外主题(extralinguistic subject - matter)的思想的东西而不是关于词语的思想的东西,是进行这活动的那个人拥有使用这些词语的能力来表达关于相同主题的非推论的、虚构的思想。

当我们纯粹"用词语"思维时,就像贝克莱会说的那样,我们"只考虑符号"——但是按照观念论者的观点,给予这些符号生命的东西就是我们任意使用它们来表达我们的观念的能力。因此,按照这种观点,当说话者们用词语时,他们是在无意义地使用它们——当然,除非词语(或符号)对于被讨论的主题的思想是必不可少的,就像在数学中一样。在这里,正如在许多其他的方面一样,贝克莱关于观念理论的相当复杂的版本——尤其是他的1732年的成熟作品《阿尔西弗隆》(Alciphron)(贝克莱1949)——按照洛克的原始的相当粗略的和刚开始的解释,代表了一个相当大的进步。应该补充一下,贝克莱并没有把观念方法看做是适用于语言运用的所有方面。特别是,他看到其对数学语言的有限适用性,正确地强调我们对词语使用的行为和情感的维度——例如,承诺、发布命令和唤起激情——但是他的理论的核心仍然明显是观念论的。

在结束这一节时,我想强调重复我对轻易接受那些对观念理论的令人疲倦的现代批评的警告,这些批评针对的是它的粗糙的或被极大的歪曲了的版本(见泰勒1970,第132页及其后)。它为关于否定这个问题提供了一个实例。现代的批评者们经常可笑地把观念理论作为这样一种理论而打发掉,即把红性的精神影像确定为"红色的"这个词的意义,把一只猫的精神影像确定为"猫"这个词的意义,如此等等。于是这个问题就会遭遇到这一据称是致命的打击,即,按照观念论的观点,一个像"不"这样的词是什么意思呢?从某种角度说,它应该是纯粹的缺席或非存在的精神影像吗?但是怎么可能会有任何这样的影像？就像，非常实际地来说，怎么可能会存在一幅关于无的图画或照片呢？或者，"不"这个词的意义应该是，确切地说，精神影像的缺席？在这种情形中，什么精神影像必定是缺席的，或者说它难道没有关系吗？例如，观念论者提出，诸如包含了"不"这个词的句子"那只猫不在垫子上"的意义就是没有任何猫在上面的垫子的精神影像吗？但是这又怎么与没有，比如说，任何狗在上面的垫子的精神影像区别开来？如果影像都是相同的，那么那个荒谬的言外之意似乎就是"那只猫不在垫子上"和"那只狗不在垫子上"有着相同的意义。

　　我们已经知道如何反驳像这样的粗鲁的嘲笑。观念理论并不是致力于一种观念的影像观点，也不是把观念描述为词语的意义。此外，它并没有把语言和观念之间的关系当作是一种翻译的关系，它并不认为个别的词语或短语和个别的观念在一对一的基础上结成对。因此，这种理论并不是简单地从事着寻找思想的某种特别的"组成要素"或"组成部分"，它在思想中扮演一个角色，就像"不"这个词语在语言中所扮演的角色一样。观念论者顶多是在主张，至少有时候一个包含否定词的句子被说话者用来表达一个否定的思想——思想者们能够想象否定的事态。但是后面的断言似乎是完全没有争议的，因为很难否认完全缺乏语言的生物能够知觉否定的事态，例如，一只狗能够看见它的盘子是空的，或者它的主人已经走了。如果这些事态能够被知觉到，那么它们也可以，至少被像我们自己这样具有想象能力的生物所想象。此外，任何暗示人类在语言的开始之前完全不能持有否定的思想，明显是十分难以置信的，因为在认知方面如此有限的生物当然不可能首先发展或学习语言的。如果有什么不同的话，否定的问题与其说是给观念论的问题，倒不如说是给其对手们的问题，尤其是那些固执于思想需要语言这种学说的强版本的人。

　　我并不想造成这种印象，即洛克自己会完全同意上述关于否定的解释。洛克事实上的确提供了一个对他称之为"小品词"的东西——像"不"和"但是"这些词——的语言功能的简要解释(《人类理解论》,第3卷,第7章,"论小品词")。这里是他关于它们所说的内容:

> 除了词语(它们是心灵中的观念的名称),还有被利用的许多其他的东西,来表示心灵在各个观念之间或各个命题之间所发现的联系。心灵,在将其思想传达给他人时,不仅仅需要它面前所拥有的观念的记号,而且也需要其他的当时和那些观念相关的记号来显示或提示属于它自己的某种特殊行动。做到这一点有几种方式;如是(Is)、不是(Is not),就都是心灵在肯定或否定时心灵的一般标记。
>
> 《人类理解论》,第3卷,第7章,第1节

洛克这里的暗示是,词语"不"被英语说话者用来表示和肯定相对的这种否定的精神活动。这有某种可信度,但是面临着某些困难,如果作为对词语使用的一种全面的解释的话。一个问题是,"不"这个词语可能出现在一个条件句的先行分句中,诸如"如果天不下雨,比赛就会进行"。肯定这个句子的说话者作出了一个断言,虽然是一个条件句。但是这样一个说话者没有否认天会下雨,确切地说,他或她仍未解决天是否会下雨的问题。因此,看起来,他或她在这种情形中不能够使用"不"这个词来表示否认的精神活动。确切地说,这样一个说话者似乎在做的事情就是持有这种假说(hypothesis)或假设(supposition),即天不会下雨——这个假设所涉及的东西,在我看来,就是我先前所称的否定的事态的东西。然而,虽然我不能完全同意洛克自己关于"不"这个词的语言功能所说的一切,但是重要的观点是,他认识到思想和语言的观念理论不需要,并且不应该假设这个词代表任何具体的观念。

洛克和私人性的问题

我现在要谈到许多人会看做是观念理论的致命困难:私人性的问题。在《人类理解论》的第 3 卷第 2 章中,洛克写道:

> 人,虽然他拥有大量的思想,他自己和他人一样都可能从这些思想中获得利益和快乐,然而它们都在他本人的胸中,是看不见的,并且向他人隐藏起来,它们也不可能自然而然地被显现。没有思想的交流就不会有社会的舒适和好处,人必须要发现一些外在的感觉符号,借此构成他的思想的那些不可见的观念就可以为他人所知……人使用这些记号要么是为了帮助他们的记忆而记录下他们自己的思想,要么可以说是为了说出他们的观念,使它们置于他人的观点之前:词语,就其基本的或直接的意义而言,不代表任何东西,而就是使用它们的那个人心灵中的观念。
>
> 《人类理解论》,第 3 卷,第 2 章,第 1-2 节

现在,洛克在私人语言的概念中将会明显地看不到任何荒谬之处,例如,一种纯粹"用来辅助(一个人的)记忆"的语言。但是他坚持认为词语"首先"表示"使用它们的他的心灵中的"观念,这就使他受到这种指责,即他把所有的语言都无法挽救地变成私人性的。这种指责并没怎么为稍后他所说的相当没有说服力的话所损害,也就是,"除非一个人的词语在听者那里激起相同的观念——他让这些词在说话中代表它们,否则他就不能以一种容易理解的方式说话"(《人类理解论》,第 3 卷,第 2 章,第 8 节)。按照他的观点,拥有共同词语的不同说话者似乎——我们都知道——赋予它们非常不同的意义,所以两个不同的说英语的人的嘴里的相同的词可能在

实际上是相关的,就像两种不同语言中的同音词一样—和说我们称之为"英语"的东西实际上根本不是一门单一的语言也是一样。这个问题在根本上是这样的:通过词语,一个说话者 A 如何能够把 A 心灵中的那些观念传达给另外一个说话者 B,如果 B 能够赋予那些词的仅有观念就是存在于 B 本人的心灵中的观念?

此时,我们需要理解,虽然洛克的理论在这里的确面临着需要仔细处理的明显困难,但是谈论中的这个困难并不是应该用语义学的术语来描述的困难。两个说话者是否说相同的语言这个问题是一个语义学的问题,一个他们所说的词语是否处在相同的词语 – 至 – 世界的关系中的问题,而洛克的理论所面对的困难却和不同的说话者的词语 – 至 – 思想这种关系(表达关系)有关。的确,洛克自己含蓄地拒绝这种暗示,也即,使用相同词语来表达不同观念的说话者仅仅由于那个理由就应该被认为在说着不同的语言,当他批评他认为是共同假定的东西时,他写道:

> (人)假设他们的词语是心灵中的观念的记号,也是其他人心灵中的观念的记号,他们用之来交流,否则(他们就会认为)他们就是在徒劳地交谈,但是却不能被理解。如果他们用于一个观念的声音是听者用于另一个观念的声音,那他们就可以被认为就是在说两种语言。但是在这里面,人通常不会去考察他们以及他们与之交谈的那些人所想到的观念是否相同:但是思考这一点便足够,即他们使用词语,如他们在对那种语言的共同接受中所想象的那样。在这种情形中他们假设,他们将之变成其符号的那个观念正好是相同的。
>
> 《人类理解论》,第 3 卷,第 2 章,第 4 节

正如我承认的那样,洛克在这里仍然面临着一个明显的困难,虽然是一个与依靠语言的表达和思想交流有关的困难,而不是和共

同语言中的语义学或词语意义有关的困难。这个问题就是,我们没有(而且明显地不可能拥有)不同说话者的"观念"之间的人与人的比较标准,根据这个标准我们能够确定一个说话者使用的某些词所表达的观念是否和另一个说话者使用它们所表达的那些观念相同或是不同,即使说话者们无可置疑地正在说着相同的语言。一个人或许倾向于代表洛克来对这个问题作出回应说,因为人几乎是用相同的模子做成的,他们很可能会在相似的知觉环境中接受感知觉的相似观念,所以在思维中他们的观念之间也会存在着一致性。确实,洛克自己推测情况就是这样,他说"我……倾向于认为,任何对象在不同的心灵中所产生的感觉观念通常都是最为接近和相像的"(《人类理解论》,第2卷,第32章,第15节)。但是,除了这种回应纯粹是思辨性的这一事实之外,通过提出这种怀疑,即实际上说话者把什么"观念"和词语相联系,或者在不同的说话者的"观念"之间是否存在任何一致性或相似性真的不要紧,它还威胁破坏洛克对语言和思想的解释的整个基础。

　　这一点可以通过参考名声不好的"颠倒光谱问题"而变得清晰起来:我们都知道,A关于红的观念可能和B关于绿的观念相似,或者相反;然而,既然这在A和B使用红和绿这两个术语来描述事物的任何可观察到的差异中都得不到反映,那么他们使用颜色术语相互成功交流的能力就一点也不会受到干扰。如果有人因此极力主张,考虑到A和B的视觉系统之间的生理学上的相似性,他们关于红的观念不可能真的以这种方式不同,可能有人回答说,既然这样一种相似性是否存在明显不要紧,那么就是提出它存在也达不到任何有用的目的。从这一点上说,作出这一结论似乎只有一小步之遥,即在一个人对经由语言的思想交流所作的解释中——因此,结果是,在一个人的思想理论自身中——任何对"观念"的诉诸都是无用的和无意义的。然而,正如我们将要看到的那样,这"一小步"实际上完全是一大步,而且是很没有得到保证的一步。

这时要注意的第一点是,洛克本人完全意识到颠倒光谱这个问题——的确,它似乎还是从他那里发源的——然而却根本没有为之而感到困窘。他所说的是这样的:

> 它不会把任何错误归咎于我们的简单观念,如果……这样被安排好的话,即相同的对象在几个人的心灵中同时产生不同的观念;例如,如果一朵紫罗兰通过一个人的眼睛而在他的心灵中所产生的观念和一朵万寿菊在另一个人的心灵中所产生的观念相同,反之亦然。因为既然这一点决不可能被知道……所以观念根本不会……名称也根本不会被混淆。
>
> 《人类理解论》,第 2 卷,第 32 章,第 15 节

显然,洛克关于颠倒光谱问题的裁断是,它当然不会妨碍经由语言的思想交流,如果这些倒置发生的话,但是这决不意味着观念就不是人类思维的材料。结论必定是,解释得善意一点的话,洛克并没有致力于这一观点,即经由语言的成功思想交流需要听者拥有观念的心灵中的复制物出现在说话者的心灵中。这并不是说,为了他们之间的交流成功,说话者和听者的观念相互不需要有任何特殊的关系。正如我们将要看到的那样,他们的观念确实需要恰当地被关联,但是(这是关键点)讨论中的关系是这样一种关系,即它能够可信地被知道可以得到,而不需要诉诸于任何一种在那些观念本身之间的主体间的比较。

为了开始抓住所要求的关系的本质,一个简单的例子可能有帮助。考虑一下两个男孩阿尔夫(Alf)和本(Ben)的例子,他们想看一场足球赛,但是买不起进入体育馆的门票。他们发现,如果他们中的一个人站在另一个人的肩膀上,他就能看到墙的那一边并且向他的朋友描述比赛。所以,他们就轮流着这么做。现在假设,阿尔夫轮到第一个去看。他会经验到感知觉的某些"观念",他将因此把它

们"用词语说出"。本会听到这些词,结果当他想象球场上发生的场景时便拥有了某些想象的"观念"。这似乎是洛克提供给我们的关于语言交流的图画——它有大量的直觉。但是现在这个问题产生了:本应该体验到何种想象观念,如果阿尔夫令人满意地向本传达了他对体育馆内所发生的一切知觉?

一开始,有人或许假设,所需要的一切就是本的想象物应该在某种程度上复制了阿尔夫的第一手经验,所以阿尔夫对比赛的描述使得本能够就像阿尔夫本人所看到的那样想象比赛。但是正如我们现在认识到的那样,这是在强加一个观念之间的人际相似性要求,而这种要求是不可能证实的。然而,看起来,一个不那么严格的要求将满足阿尔夫和本之间成功交流所需要的一切。这就是,与本的想象物应该充分地相似的不是阿尔夫的第一手经验,而是本自己如果处在阿尔夫的位置他就会拥有的第一手经验。成功地满足这种要求是非常容易确证的:本所需要做的一切就是和阿尔夫交换位置,以便证实他在阿尔夫的描述的基础上所想象的场景和他现在所直接经验到的东西一致。

从这个例子中我们可以得出(按照观念主义的解释)下面关于在成功的语言交流片段中说话者和听者的观念之间的准确关系这个结论。我们考虑以下这个例子。当 A 用一个词表达他心灵中的某种想象内容时,在听者 B 那里产生了相同的想象内容。在这里"相同的"指不多不少、一模一样的内容。观念主义者并不要求 A 用的词产生的效果满足上述例子的要求,他所要求的应该是 A 所用的词在 B 那里产生"一致性的"内容。这样一种"一致性"的标准,我们可以说,它大体上说的是这一点:B 的想象观念应该相似于如果 B 遇到一个会在 A 中激起一个知觉观念的对象(这个知觉观念和 A 使用的被讨论的那个词所表示的想象观念相似)时他所拥有的这个知觉观念。然而,弄清楚了所需要的正是这样一种一致性,而不是一种精确相似的关系,观念论者会合法地接着说,这种一致性实际上构成不同主体的观念之间的某种"相同性"。毕竟,甚至精确的相似性也并不是最严格的可能意义上的相同性——数字同一性的意义——我们经常谈到在数字上不同的数目在各种较为宽松的意义上说是"相同的",在那些意义中,暗示那些数目之间的精确相似性的这种意义却只是一个。的确,完全可以设想的是,当洛克有时谈到在成功的语言交流片段中说话者和听者想到"相同的"这个观念时,他本人意指的正是"一致性"意义上的"相同性",正如我称呼它的那样。相同性和差异性这些词汇名声不好,不可靠,而且洛克对它的使用和其他任何一位哲学家一样容易导致歧义和误释。

不难看出,在相同语言社区中的不同说话者的心灵里一个词所表示的观念之间的一致性如何能够通过从成人到儿童的传递语言过程加以确立。考虑一下哲学家们经常使用的原型处境(archetypal situation),其中一个成年老师让一个儿童注意某种知觉性质或特征的各种不同的例子——比如说,指着它们——然后说出那个恰当的词语"红色的"。观念论者的故事将会是这样。在这样一种情境中,老师和学习者都拥有感知觉的某些观念,学习者就会开始把"红"这个词和他在知觉那个特征时所拥有的观念联系在一起,如果他可以成功地确定老师所指的那个感觉特征的话。当学习者随后试图使用那个词来向那个老师描述一个知觉特征时,不管他是否在描述他目前知觉到的某个东西还是只不过记得的或想象到的某个东西,他的含蓄的目的应该是在老师的心灵中激起一个想象的观念,这个观念和这个老师在知觉出现在原始学习情境中的那个知觉特征时所拥有的那个知觉观念相似。这个过程的成功可以被这个学习者指向他想到的那个知觉特征的另一个例子——这个例子可以同时为那个老师所见——以及看到那个老师是否同意对它作"红色的"这一描述所证实。

这个过程中老师和学习者在任何阶段都不需要作关于他们各自观念之间的主体间相似性和差异的任何假设。这个过程的成功将决不会受到阻碍,如果学习者和"红"这个词联系在一起的这个观念实际上和老师和"绿"这个词所联系在一起的那个观念相似的话,反之亦然。同时,很显然,在对这种学习过程的解释中观念的角色决不是无用的。因此,一个像洛克这样的观念论者能够反驳这种指责,即颠倒光谱问题证明了在思想和语言的理论中诉诸于观念的空泛。同样,他可以战胜这种非难,即观念是"私人性的"这个事实(意味着没有任何人能够真地知道另一个人的观念是什么样的),使它们在对公共语言(public language)的运作的解释中变得没有价值。

观念在思维中的必要角色

洛克的语言理论的批评者们也许会承认,前面一节中的策略使那个理论免于完全无意义。但是同时,他们可能极力主张它给予"观念"的解释性角色在这种意义上是多余的,即诉诸于观念来解释的现象可以无需它们的帮助而得到更为简练的解释。在上面简要描述的观念论者的语言故事中,有人建议说学习者开始把"红色的"这个词和她在知觉某种可感性质或特征时所享有的那个观念联系在一起。但是,可能有人会问,为什么学习者不能无需"观念"的中介而直接地把词语和各种可感特征联系在一起呢?

为了把一个词,诸如"红色的",和某种可感特征,红性(redness)联系在一起,一个人必须能够在把彼此联系在一起时想到这两者,即想到一个就必定会想到另一个。然而,当我想到某物时我必定是以某种方式想到它。例如,我可能会用词语想到它。但是,似乎清楚的是,如果一个人可以只"用词语"思维,那么把词语和世界的非词语(non-verbal)特征联系在一起就将是不可能的,而是至多只能把词语和其他的词语联系在一起。因为为了"用词语"考虑某物,我必须早已把那些词语和被讨论的事物联系在一起。所以词语不可能和事物联系在一起，除非存在某种其他的思考事物的方式——按照观念论者的观点，这种其他的方式就是"观念的方法"（way of ideas）。请注意，我们只"用词语"思维这种理论所面临的问题并没有因为这种理论而重演，即在最根本的层次上我们"用观念"思维。因为通过持有这些观念，我们就不需要把我们的观念和可感特征联系在一起以便思考这些特征。正如我先前所说的那样，想象及其对象之间的联系是自然的，与词语和对象之间的惯例联系形成鲜明的对比。

　　下面这个思想实验可能有助于把上述结论讲得透彻些。假设存在着——我认为是不可能的——一种能够具有我们全部范围的感知觉但是缺乏所有的想象能力，除了可以想起以口头或书面符号的虚构序列形式的各种词语和短语的能力之外的存在者。于是，什么东西使我们有资格说它们对这种能力的使用可以称得上，是"用词语"构成关于世界的语言之外特征（extralinguistic features）的思维？即使为了论证起见，我们承认，这些生物能够正确地把词语应用于名称或者描述世界的知觉特征，当它们实际上遇到那些特征时，但是在何种意义上它们能够被说成是知道那些词用于命名或描述的东西，当它们没有遇到讨论中的那些特征时？由于这些生物大概的确缺乏关于这些特征的观念，我的意思是，它们被说成是拥有这种知识根本没有任何意义。我假定，可能有人反对我而极力主张，它们的知识仅仅存在于在这些特征出现时正确地使用词语的倾向性。但是这些生物拥有这样一种倾向不会给他们提供关于这些特征的任何实际概念，所以我认为实际上不可能构成我们所寻找的那种知识。

　　然而，在这一点上有人可能想要挑战我的假设，即想到某物必定总是，正如我说的那样，以某种方式想到它——不管是"用词语"还是"用观念"。可能有人会问，为什么不可能存在我们或许可以称之为关于某物的"纯粹"思想的东西？这是一个深刻的和令人困惑的问题,只有通过问一个人当他想到某物时想到的是什么,比如红性这种知觉特征时,我才能开始把握它。当然,在某种意义上,他想到的东西就是那种知觉特征。但是某种知觉特征实际上不可能"在某人的心灵中"。当一个人"在心灵之中"想到红性时,这个人的心灵自身并不是红色的! 但是,当然,一个人的心灵必定以某种方式被修改了,这样正是凭借那种修改一个人才会在心灵中想到和比如说绿性(greenness)相对的红性。红性只能作为一种所谓的意向对象(intentional object)而"在心灵之中",也就是说,作为某种被想到的东西。但是,什么使我的关于红性的思想变成和关于绿性的思想相对立的关于红性的思想? 说使我的思想变成关于红性的思想的东西是它有红性作为它的"意向对象"显然是不行的,因为意向对象这个概念已经作为被想到的某物这个概念而被引入了,所以已经预设了对于这个问题的回答,即一个思想怎么会成为"属于"一个东西而不是另一个东西的。现在,观念论者的确拥有这个问题的答案。这个答案就是,一个人可能通过拥有红性的观念,也就是说,通过想象某个红色的东西而"在心灵之中"想到红性。按照观念论者的观点,心灵在想到不同的事物时的确是以不同的方式受到修改:这些修改——观念论者认为它们是对意识的修改——存在于其拥有不同的"观念"之中。

在这一点上,可能要提醒一些人维特根斯坦说过的一句非常著名的话,这句话似乎和这个问题有关系。在《哲学研究》中的某处,维特根斯坦说:

> 什么使我关于他的影像变成关于他的影像? 不是它看上去像他。
>
> 维特根斯坦1958,第177页

这里,这个源初的德词语(Vorstellung)被译作"影像"而不是

"观念"。然而,维特根斯坦这句话的完全德语版是"Was macht meine Vorstellung von ihm zu einer Vorstellung von ihm? Nicht die Ahnlichkeit des Bildes"——这里使用的词 Bild(等于"图画","影像")似乎支持这种翻译。但是我认为,如果我们要在这一段中看出观念论者的真正问题,那么这就是至关重要的。也就是说,我认为这一段实际上只是对观念的影像概念提出了问题。因为只有按照那种观点一个人才会假设我们能够实际上谈论在一个观念及其世间的或精神之外的(extra-mental)对象之间的相似性或缺失——虽然一切困难都会伴随这样一种假设,正如我们在第2章中所看到的那样。然而,在心灵中想到关于红色的观念并不就是在心灵中想到其自身是红色的观念,就像观念的影像概念可能暗示的那样。确切地说,它就是想象某个红色的东西——"想象",不管这个词的语源学如何——不是按照心灵和任何种类的影像相遇而构造的。也就是说,相关的相似性是在精神活动(mental acts)之间,而不是在一个精神对象和一个非精神对象之间。如果进一步问:"什么使我看见某个红色的东西变成看见其红色的东西?",这个明显的答案大体就是,使它变成如此的东西就是这个事实,即某个红色的东西是我的知觉状态的原因以及在相关的相似情境中我的相似知觉状态的原因。

对一些反驳的回应

亚历山大·米勒(Alexander Miller)批评我先前(洛 1995,第 143-153 页)把语言的观念解释和沿着上述线索的思想(见 米勒 1995)归之于洛克以及代表洛克为之进行辩护的努力。这可能有助于澄清某些事情,如果我利用这个机会来答复米勒的批评的话。米勒尤其集中于我对先前我称之为"私人性问题"的东西的分析和所尝试的解答。但是他的更广泛的目标是证明我的方案的"不充分性",即洛克的观念理论首先关心的是我所称的表达的(词语-至-思想)关系的东西,而不是语义的(词语-至-世界)关系。他的主要批评针对的是我对我现在称之为不同说话者的观念之间的"符合"关系的东西的解释。在我的先前的解释中,我利用了一个非常像上面描述过的包括男孩阿尔夫和本的故事。米勒评论道:

> 关于这个必须要提两点。首先,在这个故事中给予观念的角色清楚地表明,洛克在这里终究是在提供一种意义理论。为什么这个事实即在例如(B 将之和"红色的"这个词联系在一起的观念)与 B 和红色的事物的相遇之间存在着一种规则的联系,会进入到这个故事中来?答:因为在红性的观念和例示(instantiation)之间存在这种关系这一事实决定了被联系词"红色的"和红性的例示之间的语义关系。换句话说,和"红色的"这个词联系在一起的观念与红色的事物处于这样一种关系是必然的,因为事实就是决定那个词的语义属性的东西……洛克关于词语和观念之间的表达关系的理论和他关于词语如何指涉事物的理论是分不开的,确切地说,他的表达理论就是意在作为他关于语义关系的理论的一部分。它就是,正如西蒙·布莱克伯恩(Simon Blackburn)可能会说的那样……一种"意义的急转弯理论"(dog-legged theory of meaning)。
>
> 米勒 1995,第 154-155 页

然而,我的意图不是要否认,作为一个观念论者洛克有各种资源在语义学的意义上建构一种意义理论。由于先前解释过的原因,也就是说,因为它将包含把表达的(词语-至-思想)关系理论和认知的(思想-至-世界)关系理论结合在一起来产生一种语义的(词语-至-世界)关系理论,所以这样一种理论的确将是一种"急转弯"理论。当然,洛克自己关于认知关系并没有说什么。我的观

点是,对于一个像洛克这样的哲学家来说,解释的恰当方向是从表达的关系和认知的关系到语义的关系,而决不是相反。对于洛克来说,表达的关系和认知的关系具有首要的兴趣,而且它们可以相互独立而被相对地研究,因为按照他的观点思想史相对地独立于语言。但是,虽然洛克确实有关于语义关系理论的各种资源,我还是主张他自己事实上并不是很关心构筑这样一个理论——按照这种观点,我和伊恩·哈金(Ian Hacking)的意见(见哈金 1975,第 5 章)一致。在为洛克辩护而反对某些现代的批评者们时,我想明确地说明,就他们把他关于表达关系所说的东西解释为意思是关于语义关系的思想(好像它应该是关于语义关系似的)这一点来说,他们完全没有打中他们的目标。

但是米勒还有一个批评,在他看来,是对我提供的关于洛克立场的解释的更为根本的批评:

> 第二,更重要的是,即使按照洛的新模型,观念的私人性仍旧为洛克留下一个不可克服的难题。按照这个新模型,为了知道他在交流中的尝试已经成功,A 没有必要,实际上也不可能,比较观念 1 和观念 2;佢是他的确必须知道观念 2 就是在他和红色的对象相遇时而经常产生于 B 的心灵中的那个观念,因为那个事实就是构成尝试交流成功的东西。假如承认观念的私人本质,他怎么才能够知道这一点? 甚至按照这种新模型,A 要知道他尝试的交流已经成功是完全不可能的——私人性的老问题仍然存在,虽然是以稍稍不同的形式。
>
> 米勒 1995,第 155 页

然而,对这种假设的困难的回答先前就已经提供过了,就在我对"红色的"这个词所列举的老师和学习者之间的假说参与(hypothetical engagement)的解释中。参与的每一方所需要假定的一切东西就是拥有某种可感性质的对象经常在知觉那些对象的心灵中产生某种知觉的观念,"红色的"这个词的任何已知的使用者都把这个词与和知觉观念相似的想象的观念联系在一起,这个知觉观念经常由拥有被讨论的性质的对象产生于那个人的心灵中。A 并不必须要知道经常产生在 B 的心灵中的是什么观念。如果 A 和 B 同时遇到一个拥有相关性质的对象,A 就能够认识到由那个对象产生于他本人心灵中的知觉观念和他学到的联系"红色的"这个词的想象的观念相似。他也有权利假设,这个对象在 B 的心灵中产生一个和想象的观念相似的知觉观念,B 能够享有想象的观念,而且 B 可能会也可能不会将之与"红色的"这个词联系起来。为了检查 B 是否把讨论中的观念和"红色的"这个词联系起来,A 可以指向那个对象并问道,"红色的?"因为 B 当时由于给定的性质的出现而拥有在他的心灵中所产生的知觉观念,B 将会知道他是否把想象的任何相似性观念和"红色的"这个词联系在一起。如果他的确把这样一个观念和"红色的"这个词联系在一起,那么他可以用断言"红色的"来回应 A 的疑问。以这种方式,A 和 B 可以确认他们把我称之为"符合的"观念的东西和"红色的"这个词联系在一起,因此我们有正当理由相信他们能够使用那个词来彼此成功地交流。当然,我刚才所讲的故事是极为理想化的和简单化的,但是我相信它足以反驳米勒的指责,即"甚至按照洛的新模型……私人性的老问题还是存在"。

小 结

像许多他的 17 世纪同时代人一样,洛克采取了一种关于思想和语言意义的观念主义的观点,根据这种观点思想从根本上说存在于拥有想象的观念,语言的基本目的是把一个人的思想传达给另一个人。对于那些假定洛克支持一种观念的影像概念的哲学家们来说,这样一种观点看上去可能没什么希望,但是我们已经看到把这样一个概念归之于洛克没有任何必要。这个观点也会被这些哲学家所误解,他们假设洛克在提供他对语言意义的解释时也提出了一种意义理论———一种语义学理论,他们认为这种理论与当今的意义理论相似。他实际上提供了对语言的表达能力的一种解释:也就是,词语－至－思想关系的理论,而不是词语－至－世界关系的理论。此外,作为对那些哲学家的回答——他们倾向于批评像洛克的语言意义的观念理论,理由是观念的私有性使其变为不可能,按照这种理论,说话者要知道他们是否通过他们的词语成功地传达了他们的思想,我们可以回应说这些批评者错在假设了一个不适当的简单化了的观点,即这样一种交流的成功被认为就存在于其中。当一个相应的观念在听者的心灵中被唤起时,这个观念就被成功地传达了,正如洛克自己在他讨论颠倒光谱问题时完全清楚地表明的那样,不需要唤起一个精确相似的观念。最后,洛克绝没有致力于——就像一些苛刻的批评者们可能假设的那样——这一极端的学说,即语言表达中的每一个词都应该用来表示说话者心灵中的一个不同的观念,甚至包括诸如"不"这样的词。如果理解恰当的话,洛克的思想和语言意义的理论不仅没有在批评它时像所经常提出的那些想象中的困难,而且在许多方面比今天的哲学家所提出的大多数理论更有希望,并且更少违反直觉。是时候了让这种理论得到它应得的尊重和兴趣。

拓展阅读

Ashworth, E. J. 1981: "Do Words Signify Ideas or Things? The Scholastic Sources of Locke's Theory of Language", *Journal of the History of Philosophy* 19, pp. 299 - 326.

Ashworth, E. J. 1984: "Locke on Language", *Canadian Journal of Philosophy* 14, pp. 45 - 73.

Cromer, Richard F. 1991: *Language and Thought in Normal and Handicapped Children* (Oxford: Blackwell).

Guyer, Paul 1994: "Locke's Philosophy of Language", in Vere Chappell (ed.), *The Cambridge Companion to Locke* (Cambridge: Cambridge University Press).

Kosslyn, Stephen M. 1990: "Mental Imagery", in Daniel N. Osherson et al. (eds), *Visual Cognition and Action* (Cambridge, MA: MIT Press).

Kertzmann, Norman 1968: "The Main Thesis of Locke's Semantic Theory", *Philosophical Review* 77, pp. 175 – 96.

Losonsky, Michael 1994: "Locke on Meaning and Signification", in G. A. J. Rogers (ed.), *Locke's Philosophy: Content and Context* (Oxford: Clarendon Press).

Ott, Walter R. 2004: *Locke's Philosophy of Language* (Cambridge: Cambridge University Press).

第五章 能动性和意志

因为我在本书中的总体任务是讨论洛克哲学思想的代表性例子,集中于某些我认为具有长久的兴趣和重要性的问题,所以有很好的理由把对他的行动哲学的一些讨论包括进来。一个理由是,洛克对能动性的阐述激起了强烈的反应,其中许多都是非常挑剔的。另一个理由是,尽管有这些批评,洛克还是被广泛地承认为后来所有关于主动行动和所谓"自由意志"问题的本质的哲学争论奠定了基础。还有一个理由是,同样地,尽管有这些批评,一些现代的行动哲学家(我本人就是其中之一)认为,洛克对行动和意志的解释基本上是正确的。最后,第四个理由是,对洛克的行动哲学的讨论一方面可以作为他的形而上学和认识论之间的自然桥梁,另一方面也可以作为与他的政治哲学之间的自然桥梁,这一点我将在下一章中讨论。因为在政治哲学中,我们首先关注的是作为有能力的行为者(agents)的人。此外,对于一个像洛克这样特别关注公民的自由和经过同意的政府的政治哲学家来说,人的行动自由显然必定是某种具有头等重要性的东西。因为,按照我们作为人的本性来说,如果我们缺乏这样的自由,那么试图把公民政府的合法性建立在被统治者的自由给予的同意就没有任何意义,试图把对公民自由的保护变成正当的政治权威的显著特征也是没有意义的。

洛克论自由行动和"意志的自由"

在《人类理解论》第 2 卷第 21 章的末尾处,标题为"论能力",洛克带着诚挚和真正的谦逊的面孔说道:

> 在有争议的观点中,公正的理性演绎非常少,而在抽象概念方面精确的演绎也很不容易,尤其是较长的……根据这些或任何其他理由,如果有人公正地澄清了仍然继续存在的这个关于自由的主题中的困难,我本人都将很是感激。
>
> 《人类理解论》,第 2 卷,第 21 章,第 72 节

洛克在《人类理解论》的第 2 版中对这一章做了本质上的修正,从前面的评论以及本章其他的带有迟疑的表述中看得很明显,洛克从未对这一主题,即本章的主要关切——自由行动和所谓的"自由意志"问题的处理感到完全满意。众所周知,洛克本人把"意志自由"这个措辞看做是一个语言的怪物(linguistic monstrosity),因为,就像他说的那样:

> 意志不是别的,而就是一种能力,自由是另一种能力。所以,问意志是否有自由就是问一种能力是否拥有另一种能力,这个问题初看起来非常的荒谬,不值得争论,也不需要回答。
>
> 《人类理解论》,第2卷,第21章,第16节

但是,对于哲学后人来说幸运的是,洛克并没有离开这个问题,他认识到"哲学……当它出现在公众视野里,必须有如此的自信,以至于在与真实、明断不相抵触的情况,它可以披上当地一般时尚和语言的外衣"(《人类理解论》,第2卷,第21章,第20节)。当然,洛克承认,有一个被称为"自由意志问题"的真正哲学问题,然而却是以误导的方式,他尽自己最大的努力试图来确定它并解决它,虽然很难判断他取得了多大的成功。

在自由意志这个问题上,许多今天的评论家们把洛克解释为一个所谓的相容主义者(compatibilist),虽然其中一些人承认——我认为这种承认是明智的——洛克是个相容主义者的断言至少是可以进行争论的(见亚费2000,第142页,注释5)。这里,我把"相容主义者"看做是某个主张意志自由和普遍的因果决定论相容的人,也就是说,主张即使意志的活动都是由前面的事件所因果地强制的,但是这些活动的产物可以说是"自由的",因此理所当然服从于赞扬或谴责的道德评价。虽然这样一种解释能够得到辩护,然而,似乎明显的是,按照洛克的观点,还有更多可说的。简而言之,我们仍然需要被给予一种对吉迪安·亚费所称的"难以捉摸的某个东西"(the Elusive Something)的解释(亚费2000,第19页):对于洛克来说,(这是)把在道德上完全可以说明的人类行动和那些说明不了的行为区分开来的关键因素。

现在,尽管对"自由意志"这个短语极力挖苦,但是洛克实际上对于行动自由应该是什么意思足够清楚。按照洛克的观点,一个人以某种方式自由地行动,例如,举起一个人的胳膊,就像在情形(1)

如果一个人要举起其胳膊,结果其胳膊就会举起来,以及情形(2)如果一个人意欲不举其胳膊,结果其胳膊就不会举起来(见洛1986,第154页)。正如他自己所说的那样:

> 一个人如果有能力按照他的心灵的优先选择或指导来思考或不思考,运动或不运动,那么这个人就是自由的。任何一种表现或忍耐如果不是同样地在一个人的能力之内;做或不做,如果不是同样因为指导它的心灵的优先选择而产生,那么他就不是自由的……这个行为者就是处于必然性之下。
> 《人类理解论》,第2卷,第21章,第8节

为了阐明他对一个行为者必然行动是什么这个概念,洛克提供了这个著名的例子,即睡在一个锁着的房间中的人醒来发现一个朋友在那里,他很高兴留下来和他谈话。洛克说,这个人并不是自由地,而是必然地呆在房间里,因为如果他意欲离开,他不会成功地做到这一点,因为门是锁着的。这个例子应该是支持洛克的一个进一步的论点,即,"自主……并不反对必然性"(《人类理解论》,第2卷,第21章,第11节),理由是,虽然这个人必然地逗留,但是他的逗留是自主的,虽然它是否真的支持这个论点实际上并没有它看上去那样明显(见洛1986以及洛1995,第128-132页)。

迄今为止,我们一直都只是在考虑,按照洛克的观点,一个行为者以某种方式自由行动是什么,例如,留在某个房间里或是离开它。然而,正如洛克本人承认的那样,在经过一些初步的转弯抹角之后,此时一个似乎自然会产生的问题是"一个人是否可以随意地意欲他喜欢的两者即运动或静止当中的一个"(《人类理解论》,第2卷,第21章,第25节)。问这个是很自然的,因为意志作用(willing),正如洛克本人似乎设想它的那样,自身就是一种运动,尽管是精神运动。对于洛克来说,意志作用(vollition或willing)是"心灵指挥或命令做

不做某项行为的思想或偏爱"(《人类理解论》,第 2 卷,第 21 章,第 5 节)。但是洛克却独断地把这个问题当作一个明显荒唐的问题而打发过去了,理由是:

> 问一个人是否能够意欲他所意欲的东西,或者满意他所满意的东西,我认为,(是一个)无需回答的问题:能够对它提出这个问题的人必定假设,一个意志决定另一个意志的活动,而另一个意志又决定那个意志,如此以至无穷。
> 《人类理解论》,第 2 卷,第 21 章,第 25 节

但是在洛克这一方面来看,这当然只是大话。如果意志作用是一种行动——我后面将回到这个问题上来——那么问一个人是否能够意欲其所意欲的东西就应该一定讲得通。从原则上说,给出这个问题的肯定答案而不自动地招致意志作用的无穷倒退是可能的。更为切中要害的是,也许这才真的是洛克所要传达的全部,如果"意志自由"纯粹是我们自由地,至少是有时,"意欲我们所意欲的东西"这件事,那么这就不会是我们并没有已经充分地拥有的一种自由。因此,意志自由,如此设想的话,就不会是亚费所称的"不可捉摸的某个东西"。如果还有一种更深刻的或更重要的我们能够并且应该追求的"自由",那么我们必须在别处追求它而不是在"意欲我们所意欲的东西"的自由中。

这里值得考虑的是吉迢安·亚费本人对洛克将之确定为"不可捉摸的东西"的东西为何物这个问题的回答,因为这既有趣又新颖。亚费认为,这个问题的关键在于洛克关于由上帝和其他"享有完美幸福的超出我们的高级存在者们"所拥有的那种自由(《人类理解论》,第 2 卷,第 21 章,第 49 节)。因为,洛克说,如果我们反思一下他们的条件:

我们就有理由判断,他们比我们更为坚决地由他们对善的选择所决定,然而我们没有任何理由认为他们没有我们幸福,没有我们自由。要是像我们这样的可怜的有限生物可以断言无限的智慧和善可以做什么是合适的,那么我认为,我们或许说,上帝自己不可能选择不是善的东西,全能的上帝的自由不会阻止他被最好的东西所决定。

《人类理解论》,第2卷,第21章,第49节

所以对于洛克来说,按照亚费的观点,就我们的选择是"被最好的东西所决定",也就是,由善所决定来讲,我们在最深刻的和最重要的意义上来说是自由的。这里,"决定"意思是使成为必然。当然,讨论中的这种强制不可能直接地就是因果的强制,但是它可能仍然依赖于因果的强制:因为如果我们的选择是为我们的欲望所因果地决定,而我们的欲望都是向着善的,那么就存在着一种明确的意义,其中我们的选择——以及所以我们的后续行动——都是为善所决定的。洛克的确似乎主张,我们的选择——我们的意志作用或意志的运用——是为我们的各种欲望或"不安"(uneasiness)所因果地决定,因为在回答"决定意志的是什么东西这个问题?"(《人类理解论》,第2卷,第21章,第29节)时,他答复说"真正的和准确的答案总是……某种不安"(《人类理解论》,第2卷,第21章,第29节)。至于不安和欲望之间的含蓄的同一性,洛克自己稍后说"这种不安我们可以称为……欲望,它是一种因缺乏某种不在场的善而导致的心灵的不安"(《人类理解论》,第2卷,第21章,第31节)。

出现在这种分析中的洛克是一个复杂的相容主义者,他主张我们的行动都是因果地被强制,然而在一种比仅仅是由于它们依赖于我们的意志或选择而系于其(只要它们为善所决定,就因果地决定我们选择的各种欲望都是向善的欲望来说,它们可能就是如此)的更深刻的意义上,我们又可能是自由的。如果我们的选择是这样被

引起的,那么我们就和上帝以及天使们一样都是自由的,他们的选择也是由善所决定,结果是,他们处于一种永恒的完美幸福状态之中。渴望某种在理性上不被决定的"自由"将是疯狂的:

> 随意地装疯卖傻,以及自取其辱和自致其痛当得起自由之名吗?如果摆脱理性行为,以及想要得到那种对阻止我们追逐或者做更坏的事情的考察和判断的限制是自由,是真正的自由,那么疯子和傻子就是唯一的自由人。
>
> 《人类理解论》,第 2 卷,第 21 章,第 49 节

但是我们应该怎样使自己进入这样一种状况,其中假定我们的心理学在本性上既不是神圣的也不是天使般的,那么我们的选择就为善所决定?我认为,这就是洛克和亚费对其的解释遇到某种困难的地方。洛克一度说出下面这些至关重要的话:

> 由于在我们身上存在着许多不安,它们总是在诱惑和准备决定意志,所以很自然······最大的和最为迫切的欲望决定下一个行动的意志。通常情况都是这样,但并不总是。因为在大多数情形中,这在经验中很明显,心灵拥有一种悬置它的任何欲望的实现和满足的能力,所以它可以一个接一个地随意考虑它们的对象,在各个方面考察它们,以及把它们和其他的相权衡······在我看来,这似乎是所有自由的来源,而所谓的自由意志的东西(我认为是不恰当的)似乎也就存在于这一点。因为在对任何欲望的这个悬置期间,在意志被决定去行动之前······我们有机会来考察,观看和判断我们所打算要作的善或恶。
>
> 《人类理解论》,第 2 卷,第 21 章,第 47 节

现在,对于洛克来说,困难是这个。很明显,"悬置"对某个现在

欲望的满足必定有资格作为某种行动,而这种行动应该属于一种我们自主从事的行动。但是如果它是一种为意志所决定的行动,那么当通过意志活动我们"悬置"某个现在的欲望的满足时什么决定了意志这个问题就会产生。洛克刚才说,"很自然……最大的,和最为迫切的(不安或欲望)决定下一个行动的意志;通常情况都是这样,但并不总是如此"。所以当通过意志活动我们"悬置"某个现在的欲望的满足时,这是怎么回事?要么他必须说,在这样一种情形中,所发生的事情是"通常"所发生的事情,也就是说,我们的最为迫切的欲望决定我们的意志;但是这似乎暗示了这种荒谬性,即我们的最为迫切的欲望可能会决定对其自身满足的"悬置"。要么他必须说,在这样一种情形中,所发生的事情是"不是总是"发生的事情,也就是说,我们运用我们的能力来"悬置"对我们的最为迫切的欲望的满足。但是我们似乎是在洛克希望避免的这种倒退处出发了,因为现在我们诉诸于我们的"悬置"能力以解释对那种能力的运用在某个给定的场合如何不被我们的最为迫切的欲望所决定。在我看来,实际上,洛克最终求助于一种自由意志论的(libertarian)"自由意志"的概念("自由意志论的"自由意志概念,我指的是主张真正的自由意志存在,但是和普遍的因果决定论不相容,因为自由选择和由之而来的行动不是由前面的事件所因果地强制的。值得一提的是,顺便说一下,洛克关于欲望"悬置"的讨论是后来加入第21章的,这个事实可能有助于解释批评家们在《人类理解论》的这个部分中所发现的一些张力)。

　　亚费正确地强调了洛克立场的一个特征,对此迄今为止我还没有提到。这就是洛克的这一论点,即把某种未来幸福的纯粹承认为不管是在今生中还是在来世里,对某人自己的一种善,并不自动地足以取代现在的快乐或痛苦的力量。对于洛克来说,审慎不仅是一个纯粹的理智活动,而且也扮演着极其重要的激发性角色,也就是使预期的未来苦乐足够生动,这样他们就能够用来平衡当前的苦

乐,所以至少在某些情形中,比它们更重,从而决定符合一个人自己最佳利益的意志:

> 因此,通过适当的考虑以及对提出的任何善进行考察,我们有能力把我们的欲望提高到一个和那种善的价值相适当的比例,借此它可以作用于意志,并且被追求。
> 《人类理解论》,第 2 卷,第 21 章,第 46 节

然而,虽然洛克立场中的这个要素无疑很有趣而且很重要,但是它对于解决他在解释一个人如何能够"悬置"对现在欲望的满足以使审慎(或"考察")对他所描述的一个人的欲望产生影响时所面临的这个困难却无济于事。

洛克论因果关系、意志作用和自主行动

回忆一下出现在题为"论能力"那一章中的洛克对人的行动的讨论是值得的。洛克把能动性、因果关系和能力的概念看做是相互紧密关联的,就像它们的确是那样。因果关系显然包含在许多(如果不是全部的话)人类行动的情形中,也包含在发生于整个无生命事物的领域的过程中。然而,当我们问因果关系确切地说是什么时,我们就会发现自己很困惑。今天的哲学家们倾向于假设,因果关系在根本上是一种事件之间的关系。我们一些谈论因果关系的方式似乎支持这种观点,例如,当我们说一颗炸弹的爆炸导致了大桥的垮塌:因为爆炸和垮塌显然是不同的事件。但是,其他谈论因果关系的方式却暗示了一种相当不同的观点,如我们说这颗炸弹导致了大桥的垮塌时,因为炸弹是一个物体,或者个别的"实体",而不是一个事件。我们把因果能力,诸如摧毁像大桥这样事物的能力,归之于正是像炸弹这样的事物。按照这种思考因果关系的方式,归

根结底,是各种实体导致了不同种类的结果,它们通过运用或显示其不同的因果能力做到这一点。再者,如果一个人采取这种看待事情的观点,那么就会很自然地以同样的方式思考人的能动性,把人类行为者设想为实体－原因,或者,更具体地说,是所谓的"行为者－原因"——通过运用一种不同种类的能力而带来的不同结果。

因为今天的哲学家们倾向于把因果关系只考虑为一种不同事件之间的关系,所以他们当中一些人很可能假设洛克本人决不是实体－因果关系的提倡者,因此就更加不会是行为者－因果关系的拥护者——也许是不希望把因果关系和能动性的方法强加给洛克,他们认为这在哲学上是站不住脚的。对我来说,这种倾向似乎多少有点儿过时,同时在哲学上也没有其代表者们所认为的那样有积极性。这种倾向性是由例如,吉迪恩·亚费(Gideon Yaffe)表现出来的,他明显将洛克描绘成一个彻底的事件－因果论者。然而,我怀疑像亚费这样的评论者在拒绝把洛克解释为一个实体－因果论者时,想到的是实体－因果关系的不恰当概念。实体－因果论者认为,因果关系首先是一种个别事物或实体—属性的承担者之间的关系,至多只是在一种派生的意义上,是事件之间的关系。对于像洛克这样的哲学家来说,这是一种自然的立场,即把因果能力和倾向性(liabilities)放在他的因果关系学说的核心:因为这种能力和责任首先属于个别实体,而不是事件。通过运用它们的因果能力和显示它们的因果倾向性,个别实体作用于其他的个别实体,以及被其他的个别实体所作用。就此来看,单个因果命题的标准形式应该被看做是某种像这样的东西:例如,"实体 S1 通过抛掷(Fing)导致实体 S2 到 G","太阳通过辐射热量导致那块蜡融化",或者"炸弹通过爆炸导致大桥垮塌"。的确,当洛克谈论主动的人类行动时,如当他定义"意志"、"意志作用"和"主动的"时,他自己是用这些术语说的:

我们在自己身上发现一种开始或阻止,继续或结束我们心

> 灵的若干行动以及我们身体的各种运动的能力,仅仅通过思想或心灵的偏好,它就能够命令,或者某种程度上控制做还是不做这样或这样一个特殊行动。这种能力……我们称作意志(will)。对这种能力的实际运用……我们称之为意志作用(volition/willing)。作为心灵的这种命令或控制后果的对行动的阻止或执行,被称为自主的。没有心灵的这样一个思想而作出的无论什么行动都叫做非自主的。
>
> 《人类理解论》,第 2 卷,第 21 章,第 5 节

在这里,言下之意是在一个自主的人类行动的片段中,行为者通过意志作用——也就是说通过运用他的或她的意志——导致某种结果,例如,行为者身体的某个部分的运动或静止。我暂时先把这个困难搁置一边,即对洛克来说人类的人格在根本的意义上并不是实体,在后面还会回到这个问题上来。

现在,洛克确实也使用了事件 – 因果关系的语言,甚至是在谈论自主的人类行动的语境中。例如,他在第 4 卷中曾经说道:

> 所有我们的自主运动……都只是通过自由的行动或我们自己心灵的思维而产生于我们身上……例如,我的右手在写,而我的左手是静止的:是什么导致一只手静止,而另外一只手却在运动? 只有我的意志,我的心灵的思维:我的思维仅仅变化一下,右手就静止了,左手就运动了。
>
> 《人类理解论》,第 4 卷,第 10 章,第 19 节

这里,洛克说意志作用是我的一只手的运动的原因——意志作用和运动好像属于事件的范畴。然而,实体 – 因果论者用事件 – 因果关系的术语来说也是完全一致的,因为实体 – 因果论者的论点并不是——或者不应该是——不存在诸如事件 – 因果关系这样的东

西，而只是实体－因果关系的概念先于事件－因果关系，后面的概念是从前者中派生出来的。例如，可能有人认为，说一个事件 c 是另一个事件 e 的原因，就是说存在某个实体 S1 和某个实体 S2，对于某种行动方式，投掷（Fing），以及某个别的方式，猛投（Ging），c 存在于 S1 的投掷中，而 e 存在于 S2 的猛投中，S1 通过投掷导致 S2 到 G（见洛 2002，第 11 章）。因此，按照这种解释，说某个意志作用导致了某个运动就是说某个行为者通过意志作用导致某个身体－部分以某种方式运动。换句话说，一个实体－因果论者高兴地求助于事件－因果关系这种谈话方式也许只是作为一种速记法（shorthand），而不用对他的论点作出妥协，即实体而非事件才是因果关系的首要相关者。

然而，近来一些论"行为者－因果关系"的作品明显地鼓舞了这种思想，即任何实体－因果论者都致力于这个不可能的论点，即在实体－因果关系的片段中，实体导致事件发生而无需自己做任何事情来引起那个事件。例如，似乎亚费想到的就是这个实体－因果关系概念，当他提及仅仅是为了打消某种思路时，就像他说的那样：

> 这种思路推进了一种对洛克的行动解释的实体－因果关系的解读：一个运动被一个实体所发动，就是以防万一这个运动或通过导致运动的这个实体的样式是被实体自身而不是被实体的任何样式所引起。
>
> 亚费 2000，第 81 页

然而，亚费似乎在这里假设我们只有两个相互排斥的取舍可以选择：(1)追随事件－因果论者，说实体的样式——实体的 F，或它的投掷（Fing）——是某种运动的直接原因或间接原因，或者(2)采取亚费显然认为是实体－因果论者立场的东西，说"实体自身"而不是它的任何样式才是运动的直接原因或间接原因。但是，就像我希望我早先的评论所表明的那样,这是一个错误的对子(antithesis),因为感性的实体-因果论者会说"实体自身"导致运动的方式是通过投掷,也就是说,通过以某种特别的方式行动或"被改变"——正是由于这个原因我们也可以说,样式是运动的"原因",虽然仅仅是在派生的意义上。

我详细地论述了这个问题,只是因为像亚费这些评论者们似乎热衷于用事件-因果关系的术语来解释洛克而排除所有对他的实体-因果关系的解读,真的好像为了让洛克的立场能为今天的哲学读者所接受似的。事实上,亚费自己也承认,"洛克并没有明确地区分事件因果关系和实体因果关系"(亚费 2000,第 154 页,注释 16),但是又补充道(非常具有启发性):"我认为,(多少有点争议性,我知道)诉诸于实体因果关系由于哲学的原因应该被避免,因此我这里所提供的……解释只援用事件因果关系。"(亚费 2000,第 154-155 页,注释 16)我仅仅会说,这说明了按照今天对构成哲学上站得住脚的论某个主题的论点的看法来解释过去的伟大哲学家的危险。一个这样的危险就是,我们并没有从这些哲学家的文本中学到同样多的东西,他们的永恒价值不只在于他们推动我们去挑战我们自己时代的一些最根深蒂固的哲学偏见的能力。

洛克和"反常因果链"问题

在试图理解洛克的自主行动理论时而产生的一个重要问题是,对于洛克来说,一个行动要成为自主的,则这一点既是必然的又是充分的,即相关的事件应该由行为者进行这样一个行动的意志作用所引起,或者,用实体-因果关系的术语来表达相同的观点,即行为者应该通过意欲进行这样一个行动来引起相关的事件。洛克认为这是自主性的必然条件,这一点似乎可以从,例如,前面引用过的《人类理解论》第 4 卷的那一段中得到证实。但是一个重要的考虑是，这明显会使洛克的解释受到包含着所谓"反常因果链"(deviant causal chains)的反例的攻击，这种反例是由唐纳德·戴维森(Donald Davidson)的著名的紧张的登山者案例所提供的(见戴维森1980)。我一会儿将会描述这个案例，但是首先我想在这里声明和处于危险中的这个问题的关系。在早期的著作中(洛1986，第150页)，我认为下面这个图式抓住了洛克这个概念的本质，即一个行为者S以A的方式自主地行动的含义：

　　S以A的方式自主地行动，当且仅当一个A-结果是由S的结果对A的意志作用所引起的。

这里，像我说的那样，S是行为者，A是行动的方式，例如举起一个人的手臂。我将在后面更加全面地解释"行动-结果"的概念，但是在这个例子中它就会是一个人举起手臂的事件。所以，在这个特殊的例子中，我的论点是，按照洛克的观点S自主地举起他的手臂，当且仅当S举起手臂的事件是由S要举他的手臂的意志作用所引起的。当这么说的时候，我坚持这种观点，即对洛克来说经由行为者的意志作用的因果关系对于自主的行动既是必然的又是充分的。简而言之，洛克支持两种观点，我们可以分别称之为必然性要求(the necessity claim)和充分性要求(the sufficiency claim)。在其近著中，吉迪安·亚费关于必然性要求和我一致，但是却不同意关于充分性要求的说法，说：

　　洛归之于洛克的那种对自主行动的解释在哲学上并不合理，因为仅仅通过意志作用的因果关系对于自主性来说是不充分的。这种解释陷入了困难，特别是，从包含反常因果链的情形中。

亚费2000，第104页

在我的早期著作中,我承认这种解释会遭遇到这种困难的可能性,但是评论道,"我打算放弃这些问题,因为洛克并没有解决它们"(洛 1986,第 161 页,注 3)。在我看来,这仍旧是一个完全合理的评论。然而,既然亚费本人提出这个事情,我现在就来处理它,认为事实上当一个人考虑到每一个相关的要考虑的事情时,它并不像亚费假设的那样清楚,即"仅仅通过意志作用的因果关系对于自主性来说是不充分的"。但是,首先还是让我们先回到戴维森。

在戴维森的著名例子中,一个登山者拼命地紧紧抓住一根支持他同伴的绳子,强烈希望可以松开它并且相信如果他这么做他的同伴就会摔死——但是这个欲望和信念使他失去了镇定,结果真的导致他让他的同伴掉下去了。按照像戴维森那样的意向性行动的因果理论,似乎必须说那个登山者是有意让他的同伴掉下去的——因为他的松手行动明显是由信念和欲望的适当结合而导致的。然而,我们的直觉认为这个行为者实际上并非有意行动。戴维森本人决不是一个唯意志论者,他的例子是要说明关于意向性行动概念而不是自主性行动概念的某种东西。但是,亚费却这样将它用来适应自己的目的:

> 如果我有松手的意志作用,并且对我有这一意志作用这个事实的反思导致我变得非常紧张以至于我松手了,那么尽管我没有自主地这样做,但我的意志作用导致了我松手。
>
> 亚费 2000,第 104 页

由于考虑到事件-因果关系和实体-因果关系的区别,亚费承认洛克文本中没有任何东西暗示洛克意识到这个问题,因此反常因果链的问题并不真正构成反对这一论点的证据,即对洛克来说,通过意志作用的因果关系对于自主性是充分的。亚费认为,我们将会看到,仍然存在另外一种反对这个论点的文本证据。但是既然那样，为什么还要提反常因果链这个问题呢？这种思想似乎是认为，按照亚费的解释，洛克的否认充分性要求的虚构理由实际上可以和反常因果链问题有关，从而证明了他的解释的力量。然而，我非常怀疑反常因果链的问题是否真的在任何情形下都给充分性要求带来困扰：亚费基于一个非常粗略地得出的例子过于轻易地假设它会。一个细心的意志论者会努力地详细阐明和自主行动的任何例子有因果牵连的意志作用的意向内容。在自动松开支持其同伴绳子的那个登山者的例子中，他意欲做的一切使他的紧握在这个意志行动的指导下现在松弛了，所以意志作用的意向内容有自我指涉的方面（见洛1996，第149页）。但是，这样一种描述并不适合那个紧张的登山者的例子，他很可能被认为有一个松手的一般欲望，以及为想到有这样一个欲望，但是又不能认为他直接地通过这种意志的行动而意欲松手，然而却又松手了。因为，如果这一意志作用并未直接导致松手，而只是间接地通过反思以及随后的焦虑状态，那么它就没有引起它自己的意向内容要求它所引起的东西，以便为接下来的行动取得自主性的资格。

但是，按照亚费对洛克立场的解释，一个行动要成为自主的，而不是通过意志作用的因果关系，还需要什么？亚费从区分"引起行动的意志作用和满足意志作用内容的行动"开始。然后他说，行动 A 要满足行为者对 A 的意志作用的内容，

> 这个行为者进行 A 这个行动（A – ing）必定是作为这个（行为者的）……意志作用的结果而发生的。此外，作为对 A 来说通常是一种主动能力的能力运用，这个行为者关于他的意志作用概念必定为这个行动的发生所证实。这个行动的发生不会证实这个行为者关于他的意志作用的概念，除非这种意志作用以某种特殊的方式，以这个行为者期望用他的意志作用来

引起他的行动的方式,引起他的行动。

亚费 2000,第 108 – 109 页

最后,亚费提出,对于洛克来说,行为者 S 的行动 A 是自主的,当且仅当 A"满足 S 这一方面对 A 的意志作用"(亚费 2000,第 109 页)。对自主性行动的这种解释,亚费主张,不易受到包含反常因果链的反例的攻击。例如,在那个紧张的登山者例子中,"松手不是由意志作用以恰当的方式所引起的(亚费 2000,第 110 页),因为"如果我的松手可以部分地为诉诸于我变得紧张这一事实所解释,那么解释我为什么变得紧张的这个方面……也要包括在对我的松手的解释中"(亚费 2000,第 110 页)。然而,至此,亚费提出的对反常因果链这个问题的解答实际上似乎可以归结为某种非常像我本人先前处理这个假设问题的方案:在这两种情形中,关键似乎在于利用意志作用的意向内容的本质特征,也就是说,总是意志作用"以某种特殊的方式",用亚费本人的短语说,以行为者期望他的意志作用来引起(事件)。这个短语或许似乎是设计来再次表达意向内容的这个自我指涉的方面。但是我的观点是,当这样一个对意志内容的限制被承认时,有人可能主张,正如我先前主张的那样,充分性要求毕竟不易受到包含反常因果链的反例的攻击。

然而,进一步比较后,很明显这两个方案实际上有重大的不同。亚费的方案没有诉诸于一个对我们或许可以称之为一阶意向内容的东西的限制,而是诉诸于一个关于行为者的因果角色概念的条件,因而可以视为诉诸于一个不同于意志作用的二级思想状态的内容的限制。这与亚费所理解的洛克的意志作用的另一个特别的特征相关,也就是他宣称的对洛克来说,意志在本质上并非内在意向的。正如亚费所说的那样:

我的心灵的某个特殊行为算作我以某种特殊的方式设想

它,这是一个必然条件:也就是说,作为对我控制我的身体(或我自己的某个其他部分)的能力的运用……所以,心灵的行为并不仅仅由于其内在的、非关系性属性而算作意志作用。也即,我们可以降低一种作为意志作用的精神行为的地位……仅仅通过改变周围的心理事实。

亚费 2000,第 89 – 90 页

亚费称这个条件为"关于意志作用的概念条件",为了支持洛克对它的信奉,他从《人类理解论》中引用了下面这段文字:

> 很明显,意志作用是一种心灵的行为;通过使用它或是阻止它做任何特殊的行动,它有意识地运用支配权,以控制人的各个部分。

《人类理解论》,第 2 卷,第 21 章,第 15 节

然而,亚费的观点存在着一个似乎严重的困难。这就是,洛克把意志作用看做是一种思想——"一种思想,或者心灵的偏好来命令或在某种程度上控制做还是不做这样一种特殊行动"(《人类理解论》,第 2 卷,第 21 章,第 5 节)——他的以下主张也颇有争议,即所有的思想在性质上都是自我意识:

> 意识……和思维不可分离,而且在我看来,意识对于思维来说是必不可少的:任何人都不可能在他知觉时,而不知觉到他的确是在知觉。

《人类理解论》,第 2 卷,第 27 章,第 9 节

那么,洛克如何沉思一个人从事一种心灵行为的可能性,这种心灵的行为之所以未能算作一种意志作用,只是因为一个人并没有

把这种心灵的行为看做是对控制其身体部分的能力的运用——也就是说，除此之外，在其他各个方面都满足意志作用的要求。因为它如要被视为一种意志作用，它必须是"指挥或命令做不做某项行为"的思想——它必须是具有那种意向内容的思想——然而，同时，一个人还必须把它"知觉"（也就是说，想到它）为只是这样一种思想，因为，按照洛克的观点，所有的思想在这种意义上都是意识。

回到我本人先前处理反常因果链问题时的方案，我乐于承认，没有任何明显的证据表明洛克自己认为意志作用的内容是以我所暗示的那种方式"自我指涉"，虽然在他的立场中没有任何对这个观念不利的东西。如果他不曾想到反常因果链这个问题，那么他可能确实会采取这种答案，从而为充分性要求辩护。至于是否有明显的证据这个问题——亚费当然否认这一点——我将在下一节中讨论。当然，我认为，没有明显的证据表明他拒绝了这一点。我所确实主张的是，亚费代表洛克所提供的那一揽子计划，即拒绝充分性要求加上接受概念条件，并不容易影响洛克的心灵哲学和行动哲学的某些主要信条。

非自主性和充分性要求

现在我想来解决亚费提出的反对把充分性要求归之于洛克的这一主要反驳。但是我要建议读者们的是，本章的这一节不可避免地包含一些非常详细的说明和论证，那些只关注从广泛意义上理解洛克的自主行动理论特征的人可以放心地忽略它。我把这一节包括在内，因为我认为被讨论的这个问题对于行动哲学来说是重要的。我希望对它们的这个讨论会提供一个关于这种方式的有用的榜样，即接近著名的历史文本能够有助于说明和丰富今天的哲学关切。

亚费的主要反驳产生于洛克的这句话，即"没有（意志作用）而进行的无论什么行动，都叫作非自主的"（《人类理解论》，第2卷，

第 21 章,第 5 节)。亚费一开头详细地讨论了这句话的两种可能的解释,这两种解释都是他要加以拒绝的。按照他称之为第一种解释(First Interpretation)的东西,这句话可以被解释为仅仅是在断言"没有恰当的意志作用对一个行动的非自主性来说是充分的"(亚费 2000,第 104–105 页)。他把这个断言称为断言①。我想指出的第一件事是,亚费像他确实所作的那样错误地肯定断言①"是这一断言的对换句(contrapositive),即通过(恰当的)意志作用的因果关系对自主行动来说是必要的"(亚费 2000,第 105 页)。把后面这个断言称作断言②。当然,断言②就是我早先所称的必然性要求,这是亚费和我都想将之归于洛克的一个断言。断言①不能够称为断言②的"对换句"的理由是,一个断言的对换句是在逻辑上与之相对等的,然而断言①,不像断言②,从未提及因果关系。这里需要作几句解释。一个人通常会说起一个条件陈述句的"对换句"。条件句"如果 p,那么 q"的对换句是另外一个条件句"如果否定 p,那么否定 q"——这两个陈述被标准地认为是在逻辑上相对等的。当这一对陈述为真时,我们可以说 p 对 q 来说是充分的,而 q 对 p 来说是必要的,或者相等地,否定 q 对否定 p 来说是充分的,而否定 p 对否定 q 来说是必要的。通过扩展,于是人们会说 p 对 q 是充分的这一陈述是否定 q 对否定 p 是充分的这个陈述的"对换句",因此也是否定 p 对 q 是必要的这一相等陈述的对换句。现在,断言①说没有恰当的意志作用对一个行动的非自主性是充分的,可以看出,它是这个陈述的对换句,即没有恰当的意志作用对一个行动的非–非自主性是必要的——或者,换句话说,恰当的意志作用的存在对一个行动的自主性是必要的。然而,断言②却说通过恰当的意志作用的因果关系对一个行动的自主性是必要的。所以,亚费在肯定断言①是断言②的对换句时是错误的。

但是让我们还是再往下看。亚费接下来极力主张,基于在我看来是站不住脚的立场上的对洛克那句话的第一解释是不能令人满意的,因为"它意味着洛克从未(就我所知)明确地提出非自主行动的必然性条件(即自主行动的充分条件)……(所以)意味着洛克在他的行动哲学中留下了一个重要的缺漏(lacuna)"(亚费 2000,第105 页)。正如我将简要表明的那样,洛克无疑确实明确地提出了独立于正在讨论的这句话的自主行动的充分性条件,而且,非常奇怪的是,亚费本人后来也同样承认这一点。尽管如此,亚费现在仍考虑洛克这句话的第二种解释,按照这种解释,没有恰当的意志作用对一个行动的非自主性不但是充分的,而且还是必要的。他主张,这第二种解释和我的观点相冲突,即充分性要求,如我所称的那样,应归因于洛克:

> 如果第二种解释抓住了洛克的意思,那么他就不可能一致地持洛克所归之于他的那种观点。也就是说,他不可能认为,通过(恰当的)意志作用的因果关系对自主性是充分的。
>
> 亚费 2000,第 105 页

亚费这里的论点似乎是,如果没有恰当的意志作用对一个行动的非自主性是必要的,那么由此可知恰当的意志作用的存在对一个行动的非-非自主性,换句话说,对一个行动的自主性就是充分的,即使那个意志作用在产生那个行动中不扮演任何因果关系的角色。正如亚费所说的那样,"按照第二种解释,前面有意志作用的行动(对它们不负有因果关系的责任)是……自主的"(亚费 2000,第 105 – 106 页)。然而,这实际上并不合充分性要求,而只是和我称之为必然性要求的东西相冲突,这是亚费本人也乐于归之于洛克的。如果我们把这些要求规定为条件陈述句,这就更容易看出来。按照这种形式,充分性要求说明,如果一个行动前面有它要为之负因果关系责任的意志作用,那么它就是自主的。但是,它和这种情形也是完全一致的,即如果一个行动前面有它对之不负因果关系责任的意志作用,那么它就是自主的。后者与之不一致的是必要性要求,这个要求是说,如果一个行动是自主的,那么它前面就有一个它为之负有因果关系责任的意志作用。因为从"如果一个行动前面有一个它不为之负因果关系责任的意志作用,那么它就是自主的",以及"如果一个行动是自主的,那么它前面就有它为之负因果关系责任的意志作用"中,我们可以推出这个荒谬的结论,即"如果一个行动前面有它不为之负因果关系责任的意志作用,那么它前面就有一个它为之负因果关系责任的意志作用。"

因此,我们看到,第二种解释仅仅是给我对洛克立场的解释的一个方面制造了困难,而这个立场是亚费本人也完全同意的。它给我制造的困难与给亚费制造的困难是一样的多,他因为和我差不多同样的原因而不得不拒绝它。正如后来的结果证明的那样,亚费实际上把洛克那句话的两种解释都抛弃了,而又支持第三种解释,它建立在我在前一节中考察过的方案之上。然而,他推测道,"洛克可能想避免第二种解释和他的这一断言之间的不一致性,即对洛克来说,通过回到第一种解释,经由(恰当的)意志作用的因果关系对自主性是充分的"(亚费 2000,第 107 页)。正如我们已经看到的那样,实际上并不存在这样一种我不得不去避免的不一致性,而只是第二种解释与亚费和我都想作出的那个断言之间的不一致性,即对洛克来说经由意志作用的因果关系对自主性是必要的。但是,为了避免这种不一致性,事实上我并不支持亚费的第一种解释。我倒是更喜欢在洛克的那句话中看到对这一断言的含蓄的肯定,即经由恰当的意志作用而没有因果关系对一个行动的非自主性是充分的。把这个断言称作断言③。顺便说一下,断言③实际上就是这个断言的"对换句",即经由恰当的意志作用的因果关系对一个行动的自主性是必要的——就是上面的断言②,或者像我一直所称的那样,必要性要求——所以只不过是和那个相等。

要明白我为什么支持对洛克这句话的解释,即"没有(意志作用)而进行的无论什么行动,都叫作非自主的",请注意,这句话紧跟在洛克的这个断言之后,即"由于(意志作用)而进行的(任何)行动,都叫作自主的"(《人类理解论》,第 2 卷,第 21 章,第 5 节)。现在,正如我在亚费批评的那篇论文中所主张的那样,"由于"在这里不能貌似有理地以一种纯粹的非因果的意义来解释,它只意味着时间的序列(见洛 1986,第 150 页)。的确,我在洛克的这个断言中看到了我们所拥有的最明显的证据,即他归之于我一直所称的充分性要求,这个要求就是,经由恰当的意志作用的因果关系对一个行动的自主性是充分的。但是,同样地,当洛克在紧接着的那句话中谈到"没有"意志作用而进行的行动时,这也不要貌似有理地以纯粹的非因果的意义来解读——顺便说一下,这个事实亚费本人后来也是承认的,如果说多少还有点儿转弯抹角的话(见亚费 2000,第 111 页)。貌似有理的是,洛克在这里所考虑的是一个不是通过行为者(the agent)的意志而引起的行动。因为正如"有"(with)意志作用而进行的行动自然地被认为是通过运用一个人的意志而进行行动,所以"没有"(without)意志作用而进行的行动也就自然地被认为是没有通过运用一个人的意志而进行行动。至少,应该承认,对洛克的话的这种解读是非常的自然,就和一个人把它解释为只是在肯定没有恰当的意志作用对一个行动的非自主性是充分的一样,即上面的断言①。应该注意的是,断言①为我支持的那种对洛克的话的解释所包含。就我对洛克的话的解读而言,它作出的是断言③,即没有经由恰当的意志作用的因果关系对非自主性是充分的。但是,没有恰当的意志作用对没有经由恰当的意志作用的因果关系明显是充分的。所以,假定后者对非自主性是充分的,那么没有恰当的意志作用对非自主性也就是充分的。因为,如果 p 对 q 是充分的,而且 q 对 r 是充分的,那么 p 对 r 就是充分的。

现在我要谈到这个关键问题,即亚费否认洛克支持的或至少是所致力的:充分性要求是否能和《人类理解论》中的文本一致。我认为它是不可能的,因为没有任何可信性。然而,亚费似乎混淆了这里的一个极其重要的事情。他也注意到,洛克的话,即"没有(意志作用)而进行的无论什么行动,都叫作非自主的",这话之前洛克的断言是,"由于(意志作用)而进行的(任何)行动,都叫作自主的。"但是,亚费实际上在这个时候没有引用前面的这一句话——虽然他早先是这么做的(见亚费 2000,第 99 页)——在这里,亚费把它描述为"在前一个句子中所作的断言(也就是,经由意志作用的因果关系对自主性是必要的)"(亚费 2000,第 105 页,黑体部分是我强调的)。的确,亚费提供了作为拒绝对洛克后来关于非自主行动的话的第一种解释的进一步的理由,按照这种解释,那句话就会只是"对前面一句话所作的重复"(亚费 2000,第 105 页)。但是这不可能是正确的。前面那句话,正如我们所看到的那样,是"由于(意志作用)而进行的(任何)行动,都叫作自主的",这不可能被仅仅解释为和自主性有关的必要性要求。因为它显然暗示着,如果一个行动的进行是由意志而起的,那么它便是自主的,因此由于意志作用而进行的行动就是它成为自主性的充分条件。这仍未解决这一点,即它有可能是为了既包含充分性又包含必要性,也没有解决这个问题,就是"由于"是否应该用因果的或纯粹时间上的意义来解释(或许还有某个第三种意义)。但是,不可怀疑的是,它构成了关于自主性的充分性要求。

现在,如果"由于"应该用要么是因果的意义或者纯粹时间上的意义来解释的话,那么亚费显然不可能主张洛克没有致力于我一直所称的"充分性要求",也就是说,经由恰当的意志作用的因果关系对一个行动的自主性是充分的。因为我们刚才看到,洛克无疑是在致力于有关自主行动的充分性要求,也即,"由于"恰当的意志作用对一个行动的自主性是充分的。但是,恰恰因为"由于"的时间意义弱于因果意义,所以洛克才致力于我一直所称的"充分性要求",无论给予"由于"何种意义。要点还是关于充分条件的逻辑这个简单问题。被一个恰当的意志作用所引起是前面有一个恰当的意志作用的充分条件,因为任何原因必然先于其结果。因此,如果洛克的意思是前面有一个恰当的意志作用对一个行动的自主性是充分的(和对"由于"的纯粹时间上的解释一致),那么他也会认为,被一个恰当的意志作用所引起对一个行动的自主性是充分的。

因此很清楚,亚费必定否认这一点,即洛克要么是在因果的意义上要么是在纯粹时间的意义上来理解"由于"。这正是他在下面一段中所做的事情:

> [洛克]说,自主的行动是那些"由于"意志作用而进行的行动。这是一个奇怪的短语,暗示当他为自主行动通过充分性条件时,他想要避免使用因果关系的语言。当然,这句话并不是结论性的,但是我认为,它表明事情要比洛所考虑的复杂得多。
>
> 亚费 2000,第 109 页

注意,亚费在这里和他自己早先的错误假设相矛盾,即包含"由于"的句子只是陈述了自主性的必要条件,同时也暗中破坏了他提供的拒绝对洛克关于非自主性那句话的所谓第一种解释的主要理由。我只是要加上一点,即亚费试图把洛克的短语"由于"解释为既没有因果意义也没有纯粹的时间上的意义,这在我看来似乎是完全基于推测。如果洛克真的想到一种特殊的意义,考虑到讨论的这个问题的明显的重要性,难道他就不会努力地详加说明?当然,亚费本人对"由于"的解释与他对洛克的自主行动概念所推荐的新解释紧密相关,这在前面一节中已经讨论过,所以无论如何也要坚持这个方案。我已经解释过为什么我认为那个方案是站不住脚的。我认为,那会让我们没有任何好的理由来否认洛克要么是支持要么至少是在致力于充分性要求。

除了在这一节的开始所提到的那些之外,我认为还有两个理由值得如此详细地讨论这个问题。第一个理由是,尽可能地弄清楚洛克是如何理解意志作用和行动之间的关系真的非常重要,并不只是因为这与我们如何理解他关于自由行动和意志自由的观点有关系。第二个理由是,由于意志无疑会变得明显,所以在关于必要条件和充分条件的讨论中很容易搞混淆。再者,既然洛克没有明确地使用必要条件和充分条件这样的术语,因此把在这些术语中所作的断言归之于他时就要格外地小心。至少,我希望本节中的讨论提供了一个伴随着关于这些条件的哲学争论的危险的实例。

人格、人格同一性和自由行动

正如我们在第 3 章中所看到的那样,对洛克观点的评论大多是有关人格的同一性以及他们记住过去生活中的事件的能力之间的关系。然而,关于他的人格同一性的概念和他对自由行动的观念之间的联系说得就比较少。但是这些联系确实非常值得探究。洛克,我们应该记得,否认人格同一性存在于任何一种实体的同一性中,不管是物质的还是精神的,并且作出那个出了名的费解的和有争议的断言,即它存在于"意识……直至这个意识可以向后延伸到任何过去的行动或思想"(《人类理解论》,第 2 卷,第 27 章,第 9 节),然而,虽然洛克对人格同一性的讨论明确地集中于"向后看的"(backward-looking)意识上——这种意识是记忆的特征,但是很明显,包含在行动中的"未来导向的"(future-directed)意识对于洛克的人格以及人格同一性的总体概念无疑同样的十分重要。再者,洛克的否认,即否认人格同一性存在于任何一种实体的同一性之中,应该被置于情境之中来理解,这也很重要。正如我们在第 3 章中所看到的那样,他的要点是,人类的人格既不是由于他们的纯粹物质的或生物的特征,也不是由于任何他们可能拥有的纯粹精神特征,而是凭借他们的心理特征。但是,这最好不要被认为是意味着,对洛克而言,人类的人格就是,或者"可还原到",某些"堆"(bundles)的心理状态,或这些"堆"的在时间上扩展的序列:它们仍然可以有资格作为"实体的"存在者,以及甚至作为物理的存在者,即使它们在时间中的持续性并不依赖于任何特殊的物质实体或精神实体的持续性。这里我们应该再次注意在时间上解释洛克的危险,这一次是按照只是近些年才真正被明确提出的人格和持续性的概念。例如,我认为当试着解释洛克的人格同一性概念时,试着以一些现代评论家们倾向于去做的方式(例如,见亚费 2000,第 120 页)用"人格－阶段之间的意识"的术语来谈论没有多大的帮助。

在少数相对较近的一个对洛克的人格同一性概念和他关于人的能动性之间联系的讨论中,吉迪安·亚费提出一个他称之为"行为者这个问题在哪里"的有趣的问题,他认为这个问题折磨着所有关于能动性的因果理论。这个问题应该是某种像这样的东西,能动性的因果理论把行动看做是由一种合适的先行精神片段所引起的——在意志论理论的情形中,就是意志作用(volitions 或 willings)。但是这些行动的精神原因,据说,自身并不是行动,反过来,在一个事件－因果关系的完整链条(它在时间里无限远地向后延伸)中把其他的非行动(non-actions)作为它们的原因。因此,一个行为者的行动似乎只是不间断的事件－因果关系之流中的要素,而这个"行为者"似乎从而也被拒绝给予作为他的或她的行动发起者的任何真正的角色。亚费自己似乎认为,他归之于洛克的概念条件有助于解决这个问题,因为意志作用,按照这种观点,必定是算作意志作用的自我意识这一事实,使其在某种程度上变得特别地内在于它,就是其意志作用所引起的行动就把那个人作为其行为者和发起者。

我认为,假设所有关于能动性的因果理论甚或所有的意志作用理论都拥有亚费所描述的那种结构是错误的。首先,许多因果理论会否认(我认为这种否认是对的),身体行为——诸如举起一个人的手臂的行动——拥有精神片段,如意志作用,作为它们的原因。这些理论家们会区分举起一个人的手臂这个行动——也就是说,使手臂举起来——和是那个行动的本质成分或部分的抬手臂这个事件。为了区分这二者,举手臂(arm-raising)可以被称为严格意义上的行动(action proper),抬手臂(arm-rising)可以被称为"行动-结果"。亚费自己总是用行动及其原因,而从不用行动-结果来谈论,因为他认为洛克本人从不使用行动和行动-结果之间的这个区分(亚费 2000,第 157 页,注释 24)。然而,虽然洛克没有明确地作此区分,但是如果它没有含蓄地出现在他的著作中,则是会令人感到奇怪的,因为它被建成关于自然语言的语义学——例如,用动词"move"的及物意义和不及物意义之间的区分(见霍恩斯比 1980,第 2-3 页)。移动($move_T$)一个对象 O 就是使 O 运动($move_I$),这里"移动"和"运动"分别是动词"move"的及物形式和不及物形式。再次回忆一下先前从《人类理解论》中引用的段落,其中洛克说:

> 所有我们的自主运动……都只是通过自由行动或我们本人心灵的思想而产生于我们身上的……例如,我的右手在写字,而我的左手静止不动:是什么导致了一个手的静止,和另外一个手的运动?除了我的意志外没有别的,也就是我的心灵的思想。
>
> 《人类理解论》,第 4 卷,第 10 章,第 19 节

这里洛克是说,我的手的运动是由我的意志作用所引起的。确实,他把这种动作(motion)或我手的运动($movement_I$)说成是"自主的",但是这并不必然意味着他把这种情形中的我的行动看做是作为和通过意志行为我移动($moving_T$)我的手相对的我手中的运动($movement_I$)。不管怎样,无论洛克本人的观点可能是什么或不是什么,我都会极力主张,一个意志论者理解这个问题的准确观点就

是我在这种情形中的行动是通过意志作用以某种方式移动（move$_T$）它，我移动（moving$_T$）了我的手，以及通过我如此意欲的方式所引起的东西不是我的行动而是我的手以一种恰当的方式运进行动（moving$_I$）的行动－结果。结果就是，按照这种看待事情的观点，诸如移动手的行动（hand－moving$_T$）不只是不间断的事件－因果关系之流中的要素，因为它们不是事件，而是事件的引起物，它们不把事件—甚至不把意志作用—作为它们的原因（见洛2002，第12章）。

对此，可能有人回应说，按照这种观点，行动－结果和是它们的原因的意志作用都只是不间断的事件－因果关系之流中的要素，所以真正的困难没有减轻。但是这里，我质疑亚费代表关于能动性的因果理论家们所作的另一个假设，也就是说，他们在其理论中所诉诸的精神原因在任何特定的意义上都不是行动，而只是"偶然事件"（happenings）："能动性的因果理论家们用偶然事件和因果关系来建造行为（doings）。"（亚费2000，第121页）这对一些因果理论家们诸如唐纳德·戴维森来说可能是对的，但是对于所有的意志论者来说它不一定都是对的，他们当中的许多人当然有资格被视为因果理论家。一个意志论者可能主张，虽然意志作用不是以举手臂就是使一个人的手臂抬起来的方式来引起，但它是一种行动，而不只是偶然事件或事件。卡尔·吉内特（Carl Ginet）就是这样一个意志论者的例子，虽然我们可能并不认为他把意志作用描述为拥有一种"行动性的现象性质"（actish phenomenal quality）是完全得体的（见吉内特1990，第11页及其后）。我自己则宁愿通过把意志作用和尝试或努力（而不用希望完全同一化这两个概念）进行同化而说得有理些，因为无争议的尝试属于真正行动的范围（见洛1996第157页及其后）。结果就是，能动性的因果理论家还有大量的机会拒绝亚费认为会导致"行为者这个问题在哪里"的观念，也就是说，所有的行为都是由偶然事件和因果关系建造的，尤其是当研究者注意到先前提出过的支持实体－因果关系优先性的各种考量的话。

尽管所有这些问题无疑都围绕着洛克对人格和人格同一性的解释,其中一些我们在第3章中考察过,我本人的观点是,他关于人类能动性的观点加强而不是减弱了那个解释,就是因为那些观点最自然地被认为是属于实体-因果关系传统。依我看,洛克的作为行为者的人格概念比他的作为记忆容器的人格概念更加令人信服,虽然后者典型地被今天的洛克著作评论家们给予更突出的地位。

小　结

洛克是一个意志论者,他认为,主动的行动存在于通过意志作用或意志的行为,也就是说,通过特殊的精神能力,即意志的运用而表现出来的某种身体的或精神的事件中的因果关系。我认为,他也是一个实体因果论者,主张是实体而非事件才是根本意义上的一切事物的原因。对于洛克来说,人的主动的行动就是实体因果关系的一个特例。按照洛克的观点,一个行为者是否以某种方式自由地去行动,其判断标准是,他是否以那种方式行动取决于他是否意欲以那种方式行动。另一方面,他倾向于说,意志自由至多就是用词不当(misnomer):但是他同意,在人的自由这个术语的最完整的意义上必定有比仅仅包含在我们以各种方式自由地去行动这一点更多的东西。根据洛克的看法,这个"更加"的确切意思很难界定,虽然很清楚他认为它与我们"悬置"我们最为紧迫的欲望的能力有关,至少是有时候如此。洛克是否恰当地被认为是一个相容主义者,或者也许是一个含蓄的自由意志论者,这也很难确定。然而,非常清楚的是,洛克认为我们的自由能动性的能力对于我们作为人的地位来说是绝对重要的,就像我们的理性、反思和记忆这些能力一样。《人类理解论》中的"论能力"这一章难以得到简单的解释,因为洛克本人也修正过它,而且从未完全满意过。但是,它是这本著作中最具有哲学价值的篇章之一,值得一读再读。

拓展阅读

Chappell, Vere 1994: "Locke on the Freedom of the Will", in G. A. J. Rogers (ed.), *Locke's Philosophy: Content and Context* (Oxford: Clarendon Press).

Clarke, Randolph 2003: *Libertarian Accounts of Free Will* (New York: Oxford University Press).

Magri, Tito 2000: "Locke, Suspension of Desire, and the Remote Good", *British Journal for the Philosophy of History* 8, pp. 55 – 70, reprinted in Udo Thiel (ed.), *Locke: Epistemology and Metaphysics* (Aldershot: Dartmouth, 2002).

第六章　自由和宽容

我们关于洛克政治哲学的主要资源就是他的《政府论两篇》，匿名出版于1689年晚些时候。洛克在他的一生中从未公开承认这本著作是他本人的，虽然他的作者身份是毫无疑问的，并且为他的遗嘱附录所暗示。这本书似乎大体上创作于17世纪80年代初期，它在洛克1683年离开英国去荷兰前完成。《政府论第一篇》针对的目标是罗伯特·费尔默爵士（Sir Robert Filmer）的小册子（费尔默1991），出版于1680年——二十四年后作者去世——的作品。《政府论第二篇》提供了对合法政府的基础的正面解释。当然，鉴于它们暗含的煽动性特征，《政府论两篇》不可能在查理二世仍然当政的时候出版。

阿尔吉农·西登尼（Algernon Sidney 或 Sydney），黑麦屋同谋者之一，由于叛国罪被审判并处死，部分地就是因为一本攻击费尔默的手稿著作，他的《论政府》（西登尼 1996）。当时，洛克拥有《政府论两篇》这样的手稿使他的生命也处于危险之中。但是为什么他在六年后，也就是 1689 年，在英国政治已经非常合乎他的心意之后才选择出版它们呢？毫无疑问，部分地是作为对导致 1688 年的光荣革命以及詹姆斯二世被奥兰治的威廉和他的妻子玛丽所取代这些事件进程的辩护，正如洛克在《政府论两篇》的序言中所暗示的那样。也许，部分地是因为洛克担心，在威廉和玛丽就任之后的政治发展趋势没有他希望的那样激进，因此存在着恢复更为独裁的统治的某种危险（见阿什克拉夫特 1986，第 590 – 601 页）。当然，洛克在这样一个时候并不能够确定政治是否稳定，这可能部分地解释了他决定继续隐瞒他的作者身份的原因。

有一件事似乎相对清楚些，即《政府论两篇》既不是洛克明确地，也不是他含蓄地打算反驳那个时代专制政府的最伟大的理智支持者，托马斯·霍布斯（Thomas Hobbes, 1588 – 1679），他的《利维坦》（霍布斯 1996）出版于 1651 年。霍布斯支持专制主义的论证和费尔默的十分不同，即使如此，从今天的视角看，霍布斯的政治哲学和洛克的政治哲学之间的比较和对照还是极为有趣和有益的。不能仅仅因为洛克的直接关切不是反驳霍布斯就回避它们，这是没有意义的。当然，洛克完全知晓霍布斯的学说，因此也知道霍布斯的观点和他本人观点的差异。由于霍布斯的名声很大（也许我们应该说是声名狼藉），洛克不可能避免在他的这位杰出的前辈的阴影之下写作。因此，在本章里我将会毫无犹豫地把洛克的观点和霍布斯的观点进行比较和对照，它们的确既相似又不同。然而，我不会考察洛克在《政府论第一篇》中反对费尔默的论证，因为虽然费尔默的著作在洛克那个时代比较重要，但是它们现在主要引起的是历史的兴趣。

在离开费尔默和洛克对他的回应之前,我应该说一点点他们的差异的本质。费尔默的中心论题是,上帝把对地球及其所有的栖居者的绝对统治权授予了第一个人亚当,这种神圣的统治权经过几代人的时间被传递给了长子们,所以国王对他的人民的合法统治实际上就是一个父亲对他的孩子们、妻子和仆人的统治。在一个圣经的权威几乎从未受到质疑的时代,这样一种学说对于许多人来说必定显得完全具有说服力;相应地,洛克企图反驳它当然就是挑衅。但是对于一个现代的读者而言,这场争论最多可以说可能就是看上去有点儿古怪,往坏说就是简直不可理解。事实上,从中可以学到许多有趣和有价值的东西。当然,我们不应有这样的假定,即17世纪的哲学家们在谈到那些我们今天依然视为重要的问题时,比谈到那些我们今天已公认为其假设是错误的问题时,显示出了更高的才智。但是,不幸的是,篇幅的有限性阻止我们在这里进一步探究洛克政治思想的这个方面,我将直接进入到他的正面学说。在本章的结尾,我会继续讨论洛克的《政府论第二篇》,然后谈到他关于宗教宽容的观点,这在他的1689年的《关于宽容的信》中有所阐述。

自然状态和人的本质

洛克,像在他之前的托马斯·霍布斯和在他之后的让-雅克·卢梭一样,是一个社会契约理论家(social contract theorist),事实上,17和18世纪中的许多其他政治理论家们也都是如此。虽然这三位哲学家最终选择了非常不同的政府类型——粗略地说:霍布斯是专制君主制,洛克是议会民主制和立宪君主制,卢梭是某种像希腊的极端民主城邦模式——但他们有共同的目标,就是把政治义务建立在同意(consent)之上。也就是说,他们所有的人都认为合法的政府在根本上是经由被统治者同意的政府。此外,这种同意被他们三位用契约式的术语来理解,也就是,指在由有关各方自由参与的人民之间的实际的或假设的契约式同意(contractual agreement),国家把某些义务强加给他们以作为对某些预期的回报(霍布斯实际上就是在这种情境中使用"contract"这个词,也用"covenant"这个词,而洛克更喜欢"compact"这个词。正是卢梭使用了"社会契约"这个术语,但是这个术语现在已经变得非常普遍了,所以把霍布斯和洛克说成是"社会契约理论家"实际上不会使人误解)。

不同的社会契约理论家对"同意"的概念的使用是极为不同的,我将在后面的一节中详细地考察洛克的特殊概念。但是尽管有这些差异,在所有的社会契约理论的根基处还是有这种观念,即在文明社会和一个据称是不涉及政治的人类状态(传统上被描述为"自然状态")之间要作一个根本的区分。文明社会被认为是以存在政治权威和法律的统治为特征,并且由强制性力量的有效控制所支持。社会契约理论家们试图解释,人民如何仅仅通过自由参加一致同意或"契约"便在实际上,或至少是可能从自然状态转变到文明社会,而不会对他们的自然权利有任何的损害。

洛克时代的所有社会契约理论家们决不是主张自然状态是一个实际的历史状态,曾经普遍地存在于人类之中。然而,一些人的确认为它是一个仍然存在于世界上某些部分的"原始的"人群当中。所有人都认为它是一个在不同的统治权力之间自动获得的状态。因此霍布斯在《利维坦》的第 13 章中说,他"相信",但是又补充道"在……美洲……还有许多地方,他们现在还是这样生活","在所有的时代,国王和统治权的人民"彼此之间处于一种自然状态,或者像他描述的那样,"战争(状态)"(霍布斯 1996,第 89 – 90 页)。在最后这一个方面,洛克明确同意霍布斯的观点,声称"全世界的独立政府的所有君主和统治者们都处于一种自然状态之中"(《政府论第二篇》,第 14 节)。然而,还有一种思考自然状态的方式,我们在当时的作者中可以找到。这种方式就是首先把它看做是一种可能的状态,文明社会永远处于堕落为这种状态的危险中,正如霍布斯评论的那样(霍布斯 1996,第 89 – 90 页)。反过来说,这和把自然状态看做是一个纯粹的假说状态,或者甚至只是作为一种描述人类共同体的方式(从他们的政治关系和制度中抽离出来的)并没有什么非常的不同。正是在像这种伪装的某种东西中,自然状态的理论角色在现代的契约论政治思想中得到了复兴,最著名的是约翰·罗尔斯(John Rawls)的"原始状态"(original position)概念(见罗尔斯 1972,第 11 – 22 页)。当然,不管怎样,它不一定是对社会契约理论的决定性反驳,这种理论认为没有任何自然状态真正存在过,或者生活在一个现存的文明社会中的人们决不可能个别地从一种自然状态过渡到他们目前的状况。这一点我将在后面特别有关洛克理论的章节中加以讨论。

然而,可能会受到反驳的(这种反驳尤其是由那些把人类的个体性自身看做是文明社会产物的"集体主义的"或"有机体论的"政治哲学家们提出)就是这种观念,即人类可以独立于他们的政治关系而得到有意义的描述。简而言之,有人可能极力主张,用亚里士多德的著名的短语来说,人在本质上是一个"政治动物"。与此相对,社会契约理论家们致力于(虽然是在不同的程度上)一种个体主义概念(individualistic conception)的文明社会,按照这种观点,个体在本体论上先于或者说更加重要于他或她所属的任何文明社会。当然,这些理论家们完全能够承认,文明社会为个体创造了各种机会,如果没有它这些机会对个体来说都将是不可能的。然而,这种让步远未达到他们的对手们所坚持的观点:倘若没有文明社会,可能就完全不存在任何人类的"个体"。关于在这个长期存在的争议中哪一方占上风这个问题太大了,我在这里不可能进行讨论。只要说一下这一点就足够了,即任何社会契约理论,包括洛克的在内,都依靠我刚才所称的文明社会的个体主义概念,这样一个概念当然容易受到挑战。

准确地说,社会契约理论如何描述自然状态是以其他的方式取决于和它联系在一起的人性的概念的,因为甚至在持个体主义观点的理论家们中间关于这一点的不一致仍然有充分的余地。比如,在霍布斯的理论中,他关于人类心理学的彻底利己主义观点在使他非常有名地把自然状态描述为"每个人反对每个人的……战争",其中"人的生命(是)孤独的、贫穷的、恶劣的、残酷的和短寿的"这样一种状态(霍布斯 1996,第 88 - 89 页)时明显地扮演着一个很大的角色。霍布斯的利己主义反映在他的这一断言中,即"在每个人的自主行动中,对象就是某个对他自己的善"(霍布斯 1996,第 93 页)。但是应该强调,甚至霍布斯,当他把自然状态等同于战争状态时,也并没有把这样一种状态看做是一种永恒暴力的状态,而只是作为一种其中存在着它的永恒威胁的状态。就像他说的那样,"战争状态并不存在于实际的战斗中 而是在已知的倾向中"(霍布斯 1996,第 88 - 89 页)。至于这种战争状态的原因,霍布斯主张存在着"三种主要的争斗原因……第一,竞争;第二,疑心;第三,荣誉"(霍布斯 1996,第 88 页)。换句话说,霍布斯指责我们对彼此的据称是敌意的倾向,他认为这是我们的对抗、恐惧和骄傲的自然心理属性。当然,霍布斯把自然状态描述为如此可怕的另一个和不那么纯粹理论性的理由是,他写作于英国内战时期,能够在冲突中真切地观察到消除有效政治权威的可怕言果。然而,洛克也经历过英国历史的这段动荡的时期,但当我们谈到他的自然状态概念时,我们却看到一个更为和平的画面。洛克似乎已经设想到典型的由自足的自耕农人口组成的那种状态,每个人都照顾着自己的直系亲属并且和他的邻人们相对和谐地生活在一起。这么说似乎还是公平的,即洛克和霍布斯之间的重要差异之一在于有关人性方面前者的相对乐观主义与后者的悲观主义。关于普通人继续他们自己的生活而无须不当地干预他人生活的欲望和能力方面,他们在根本上不同。当然,洛克着重否认霍布斯把自然状态和战争状态等同起来的做法,这在很大程度上似乎是他对人类动机的非常不同的估计的结果。

但是在一个重要的方面,霍布斯和洛克对基本的人类状态的认识是一致的。他们的确至少同意,所有的人类(或者,至少是所有的成年人)在自然状态中都是自然地平等的,不管是对是错,只有文明社会才会创造出大量的不平等。因此,霍布斯说:

> 自然使人在身体以及心灵的官能方面都很平等……以至于……人和人之间的差异没有大到一个人因此可以要求得到另一个人不能像他一样要求得到的任何利益。
>
> 霍布斯1996,第86-87页

洛克同意,自然状态也是"一种平等状态"(《政府论第二篇》,第4节),很明显,他的意思不只是一种道德的平等。自然平等这种假设对于任何社会契约理论的运作的确是必不可少的,因为只有那些至少在身体能力和理智能力方面粗略平等的人能够从自由参加这样一种理论所设想的一致同意中获得益处。

什么权利和义务,如果有的话,可以被认为存在于自然状态中呢?显然,没有任何政治权利和义务,因为这些是社会契约应该产生的东西。但是道德权利和义务怎么样?如果这些可以被认为存在,那么它们的权威的来源又会是什么?上帝?或者理性?或者,这些来源重叠了,因为上帝必然是极度理性的,并且按照他自己的形象把我们创造为理性的存在者?霍布斯被他的同时代人看做是一个几乎不加遮掩的无神论者,虽然这种判断有多公正还是一个有争议的问题。然而,洛克不仅真诚地坚持基督教的信仰,而且甚至还相信上帝的存在和道德的主要原则能够得到理性的证明或论证。他也主张,正如我们在第2章中所看到的那样,虽然我们没有任何先天知识,但是我们的确拥有理性的自然能力,这种理性在起源上是神圣的。

关于刚才提到的那些问题,霍布斯和洛克之间的重要差异在文本中极为明显。例如,霍布斯论及自然的权利(right of nature),他说它是"每个人出于保存他自己的本性所拥有的使用他本人的能力的自由"(霍布斯1996,第91页)。他主张,在自然状态中"每个人都拥有对每个事物的权利,甚至对彼此的身体也拥有权利"(霍布斯1996,第91页)。他的确系统地阐述了某些"自然法"(Laws of Nature),就像他称呼它们的那样,但是他把这些看做是谨慎的箴言,为了保护我们本人的自我保存和福利,理性教导我们努力地遵从这些箴言。正如他所说的那样:

> 自然法……是由理性发现的一条戒律,或一般规则,通过理性一个人被禁止做毁坏自己的生命的事,或者拿走保存生命的工具,以及忽略他认为可以最好保存的东西。
>
> 霍布斯1996,第91页

然而,这些"法则"是否被霍布斯认为是拥有通常意义上的任何道德权威还是很有争议的。他区分了在纯粹的意向中(in foro interno)遵守法则和在行动中(in foro externo)遵守它:

> 自然法在意向中是强制的,也就是说,它们被一种欲其发生的欲望所约束,但在行动中,即将它们付诸于行动的过程中,并不总是如此。
>
> 霍布斯1996,第110页

事实上,霍布斯清楚,在自然状态中(那里没有任何政治力量通过有效惩罚的威胁来执行自然法),理性至多只能约束我们遵守在意向中的这些法则。对霍布斯来说,第一条或"根本的自然法……是追求和平,并追随它"(霍布斯1996,第92页)。但是他强调,放下武器而没有他人同样照做的任何保证将是完全无理性的(irrational）。

相比之下，洛克并不接受自然状态的这种明显的非道德（amoral）观点。按照洛克的观点：

> 虽然（自然状态）是一个自由的状态，然而它不是一个放纵的状态（State of Licence）……自然状态有自然法来支配它，它强制着每一个人：理性就是那种法则，它教导所有的人……没有任何人应该伤害另一个人的生命、健康、自由或财产。
>
> 《政府论第二篇》，第 6 节

的确，洛克认为，在自然状态中每一个人都有权利去惩罚违反自然法的冒犯者，惩罚的程度是足以阻止违反它的进一步挑衅。把所有这些和霍布斯的更为赤裸的观点，即在自然状态中"没有任何东西会是非正义的"，因为"在没有公共权力的地方，就没有法律；在没有法律的地方，就没有任何争议"（霍布斯 1996，第 90 页）比较一下。在这种情境中，所谓"法则"霍布斯的意思当然是政治上授权的法则，并且得到有效的强制力的支持。确实，霍布斯甚至走得更远，说在自然状态中没有"任何不同的财产、统治、我的、你的"（霍布斯 1996，第 90 页），而洛克则完全明白，在自然状态中财产很可能存在，还有所获之物及转让的权利，正如我们在后面一节中将会更全面地看到的那样。然而，我们现在已经清楚地看到，霍布斯和洛克关于自然状态的观点如何既彼此相似又彼此不同，现在该看看他们各自关于文明社会的基础的概念了。

社会契约和经过同意的政府

正如我先前所说的那样，霍布斯和洛克（还有许多其他的 17、18 世纪的政治理论家们）都诉诸于这个观念，即政治义务在根本上依靠被统治者的同意。但是他们关于那种同意的本质的概念及其在将政府权威合法化时的确切角色方面差异相当大。因为虽然他们的概念在诉诸于"契约"(contract)或"公约"(covenant)的准法律概念(quasi-legal notion)上有共同之处,但是他们对于基本原理和这样一种同意的术语的理解(不管它被解释为准历史的还是纯粹的假说),彼此之间有重大的分歧,仔细注意他们各自的文本就会揭示这一点。按照霍布斯的观点:

> 建立这样一种共同的权力,即能够保护(人们)……和……保卫他们的安全……以使他们可以养活自己并且生活得满意的唯一方式就是,把他们所有的权力和力量都赋予一个人,或者一个许多人的集体,它可以把他们所有的意志归纳成……一个意志……这就不只是同意(consent)或一致(concord);而是他们所有人都真正统一于同一个人格之中,这是每个人和每个人一起制定的契约……如果这一点做到了,那么统一在一个人格之中的大多数就称为国家(common-wealth)。执行这个人格的人称作君主(sovereign)。
>
> 霍布斯1996,第120-121页

从表面上看,洛克似乎在说某种与此非常相似的东西,当他断言"任何人剥夺自己的自然自由从而被文明社会所约束的唯一方式就是通过同意其他人来参加和团结成一个共同体"(《政府论第二篇》,第95节)。然而,在关于由契约产生的统治权的本质方面霍布斯和洛克之间存在着根本的差异,这些差异产生于契约自身的形式和目的,正如洛克和霍布斯分别设想的那样。

更重要的是,由于下面的原因,霍布斯相信由契约各方赋予统治权的人格(或多个人格)不可能招致非正义:

> 承担所有(契约者)的人格的权利只是通过一个人和另一个人之间的契约而被给予他们推为君主的人,而不是他给予他们当中的任何人……(因此)在君主这一方就不可能发生违反契约的事情……(所以君主)无论做了什么,它都不会是对他的任何臣民的任何伤害……拥有君主权的人可能作恶,但却不是非正义。
>
> 霍布斯1996,第122-124页

对于霍布斯来说,君主高于国家的法律,因为他本人不是契约的一方。但是洛克完全不同意这种合法的君主权的概念,认为霍布斯所设想的那种绝对的统治者"在自然状态中,他和其余的人都一样"(《政府论第二篇》,第91节),"文明社会中没有任何人可以免于自然法"(《政府论第二篇》,第92节)。按照洛克的观点,任何被赋予统治权威的个体或由个体组成的群体必定都是契约的一方,因此必定和每个其他人一样服从于文明社会的法律。霍布斯假设订立契约者会将君主权赋予一个没有参与订立契约的人,对洛克来说,这种假设完全是不合情理的。因为对于订立契约者来说,这样的一个人跟订立契约之前一样,仍然处于"自然状态"之中。面对这样一个人的剥削与掠夺,订立契约者跟订立契约之前一样脆弱;而他则由于被他们赋予了君主权,免除了被订立契约者剥削与掠夺的危险。对于洛克来说,这样的假设如果成真,无疑会导致暴政与社会灾难。

另一方面,霍布斯显然认为"所有人反对所有人的战争"——他设想的自然状态——是一种非常可怕的状态,所以更好的做法是所有的订约人都服从于某个单一的强人或一群人的绝对权威,而不是完全消除文明社会。因为他假设,使订约人变得和他认为在自然状态中会不可避免地一样痛苦,这决不可能符合这个人或这个群体的利益。而且,霍布斯关于人性的悲观主义是这样的,即他不认为通过赋予他们自己的成员中的任何一个人以政治权威订约人就能够获得任何更加值得的但又是同样稳定的状态,不管是通过选举还是通过其他的途径。霍布斯和洛克之间观点的这种差异的重要后果就是,按照霍布斯的观点,对于公民来说没有任何上诉法院高于君主权自身;而洛克认为至少有时候"诉诸于上天",在反抗君主权的形式中,是合法的。我将在后面的一节中回到洛克政治学说的这个具有历史性的重要方面。

霍布斯的观点和洛克的观点之间的另一个表面上的相似性是,他们都认为从自然状态到文明社会的过渡需要放弃或减少某些个体的权利或自由。但是,在细节上他们再一次差别很大。回忆一下,霍布斯对自然状态中的个人关系持特别悲观的看法,他把自然状态等同于一个"一切人反对一切人的战争"状态。他认为,体现在自然法中的理性教导甚至处于自然状态中的所有人,他们的个体利益最好是通过建立和平得到满足。他相信,只有当每个人都放弃他对一切事物的自然权利,条件是其余的人也都这么做,才能够实现这一点。的确,他的第二条自然法嘱咐道:

> 当其他人也愿意时,为了和平和自卫,他会认为有必要放弃对所有东西的权利,并且满足于很多反对其他人的自由,正如他承认其他人也有反对他自己的自由一样。
>
> 霍布斯 1996,第 92 页

但是,霍布斯极力主张,这样一种和平的协议必须服从于有效的强制(effective enforcement),因为"没有剑的公约就只是词语,根本没有保护一个人的力量"(霍布斯 1996,第 117 页)。订约人因此必须赞成拥有一个绝对的垄断力量来使它保卫这个协议。

然而,正如霍布斯的批评者们经常指出的那样,这里似乎存在着一个"鸡和蛋"的问题,或者,更准确地说,现代的决策理论家们会称之为"协调问题"（co-ordination problem）的东西。很明显，这个问题就是，只有当可实施的协议或"公约"是有效的，被设计用来建立一个强制机构的协议已经预设了被认为创造的东西。更具体地说，看起来虽然霍布斯的交战个体（warring individuals）会尽可能放下武器而赞成一个中央的强制机构，但是在缺乏这样一个机构的时候没有任何人会信任其余人同样照做，因为那个时候其他人可以占他的好处。在自然状态中的每一个霍布斯式的个体能够预见四种可能的后果，因此会从他本人的观点出发把这些后果按照下面的优先顺序进行排列。（1）其他人服从这个协议，但是我不服从；（2）每个人都服从这个协议；（3）没有任何人服从这个协议；（4）我服从这个协议，但是其他人不服从。因为他的利己主义心理学，一个霍布斯式的个体会把后果（1）置于高于其余的地位，这种心理学使他喜欢他本人的利益胜过任何其他人的利益。但是麻烦在于，因为所有的霍布斯式个体在这个方面都是一样的，所以所有人都将秘密地打算不服从这个协议，不服从结果（3）会导致的后果，尽管事实上每个个体都会更喜欢结果（2）胜过结果（3）。霍布斯本人是否真的看到这个问题或者对这个问题有一个答案是有争议的，我这里不能参与争论。但是这个问题，虽然如此，似乎确实是霍布斯本人的社会契约方法版本所特有的，在很大程度上再次取决于他的极为悲观的人性概念和这种契约应该使我们从中摆脱出来的状况的概念。

洛克的社会契约理论版本似乎不受任何像这样的困难的影响。自然状态中的洛克式个体没有被认为是自私的和非道德的。他们因此能够彼此信任以遵守他们的诺言，这种程度足以使契约在没有一个先行存在的力量来执行它时也是可行的。一个洛克式的个体在加入文明社会时所放弃的权利和自由在程度上相应地也比霍布斯式个体所需要放弃的要更少。我们在后面将会更全面地看到这一点。即使如此，洛克的理论确实还是遭受一种明显的困难，这种困难似乎和影响霍布斯的那种困难一样麻烦。这就是，他需要解释出生于文明社会的制度之后的个体如何可能带来一种遵守其法则的义务，假定他们不是原始协议或契约的同意方的话。因为洛克强调，同意的确是任何个体的政治义务的必要条件——当然，儿童被排除在考虑之外，因为他们年纪小以及据称理性能力没有成熟。"人……在本性上都是自由的、平等的和独立的，没有任何人能够去掉这种财产，如果没有他本人的同意，没有任何人能够服从于另一个人的政治权力。"(《政府论第二篇》，第95页)此外，洛克坚持，政治义务不可以从一个人转移到另一个人，比如说，从父亲转移给儿子，"任何人凡是给自己制定的约定或承诺，他都处于它们的义务之下，但是无论通过何种契约都不能约束他的孩子或后代。"(《政府论第二篇》，第116节)

然而，确实可以继承的东西是财产。正如洛克指出的那样，国家通常使继承的条件忠实于它们："联邦不允许它们的统治的任何部分被肢解，并且除了它们的共同体的成员之外不允许任何人享有，儿子通常不能享有其父的财产，只有像父亲那样通过成为这个社会的一个成员才能享有。"(《政府论第二篇》，第117节)洛克暗示，一个人可以放弃其遗产，如果这个人愿意这样的话。一个人并没有把财产转让给其他人或从其他人那里接受的不可让渡的权利，只服从于交易各方的共同协议。按照洛克的观点，这样一种权利是在加入文明社会时转让或放弃的，因为财产的合法所有权必然服从于国家的法律。在洛克看来，因为国家的首要目的是保护人民及其财产，这就要求财产所有权要服从于国家的审判权(jurisdiction)。即使这样，这个问题仍未解决，即关于一个个体的成年和选择继承财产，或者就是仅仅选择继续生活在由一个特殊的国家来控制的领土中，如何或在什么意义上可以说负有遵守那个文明社会的法律的政治义务。

洛克对这个重要问题的回答诉诸于明确的同意和缄默的同意这一区分。按照洛克的观点，通过，比如说宣誓，表达对一个文明社会的成员身份的明确同意,创造了一个遵守其法律的永恒义务。这种义务不可能被放弃或废止,除非由于国家解体——例如,作为战争的后果——或者通过法律驱逐那个成员。但是缄默的同意,洛克认为,暗示于一个个体享有国家的保护和便利的纯粹决定中:

> 每个人只要占有了任何土地或享用任何政府领土的任何部分,他就已经表示了他的缄默同意,并且服从于那个政府的法律……从而在实际上,就和那个政府领土中的任何人的情况一样。
>
> 《政府论第二篇》,第119节

按照洛克的观点,缄默同意只有在满足这种同意的条件被接受的情况下才产生政治义务,因而任何人如果没有对所在国的政府表示明确同意,他有权在任何时候自由地离开这个国家,加入另一个国家或在一块处女地上建立一个新的国家。

然而,可能有人有些正当地反驳说,洛克所谓的缄默同意几乎不应该得到"同意"这个名称,无论如何,不管是需要创造这种政治义务还是能够创造这种政治义务都是可疑的。一则是,为什么说一个选择享有一个文明社会的各种便利的人有义务遵守其法律是由于他同意那个社会的政治制度,而不是仅仅因为他选择享有被讨论的各种益处?这里的"同意"这个概念难道不是一只空转的轮子(idle wheel),只是用来支持洛克的一般论题即合法的政府总是,并且仅仅是由被统治者同意的政府?的确有一派思想,按照其观点,在某些条件中主动享受福利本身确实就造成了义务。因此,作为一条一般原则,哈特(H. L. A. Hart)极力主张:

> 当许多人按照规则管理任何合办企业,并因此限制他们的自由时,那些在需要的时候服从于这些限制的人有权利从那些

由于服从而获益的人那里得到相似的服从。

哈特1984,第85页

为了和这种思维一致,有人经常断言,例如,那些从工会活动中获益的人——例如,通过接受增加工资和提高了的工作条件——应该适当地付给工会会费,这样"免费享受公共物品的人"(free riders)就可以公正地被拒绝,甚至因为接受福利却避免相关费用而受到惩罚。哈特本人批评社会契约理论家们,准确地说是因为他们把这种义务的来源和那些包含共同协议或同意的来源给合并在一起了:

> 社会契约理论家们正确地坚持这一事实,即遵守法律的义务是……出于其共同的关系而在特殊政治社会的成员之间产生的某个东西。他们的错误是把这种共同限制的权利创造(right-creating)情境等同于承诺的范例。

哈特1984,第86页

更早的时候,大卫·休谟在他的"论原始契约"中批评社会契约理论家们(尤其是洛克)时甚至走得更远,他问道:

> 因此,当忠诚(allegiance)和忠实(fidelity)似乎都依赖于完全相同的基础,都被人类所服从,理由是明显的人类社会的利益和必要时,把忠诚于长官的义务建立在忠实的义务之上,或者对承诺的尊重以及假设正是每个个体的同意使他服从于政府,这里存在什么必要呢?

休谟1985

休谟的论点是,遵守诺言这种义务产生于这个事实,即"在人们不顾及他们的约定时,人类的商业和交换(它们具有非常巨大的好处)就没有任何的安全性"(休谟1985),所以它不可能为遵守文明社会的法律而提高一个独立的义务来源。我们也许会判断,休谟在这里走得太远了,因此同意哈特承诺这个行为自身就能够造成义务。即使如此,我们可能还是倾向于同意哈特和休谟的观点,即认为政治义务典型地并不非常依靠同意,不管是明确的还是缄默的,而更加依靠共同体的成员之间的共同有利的合作关系。

即使不理会这些根本的怀疑,然而其他的和更为具体的批评也可能会针对洛克的缄默同意学说。例如,一个人可能问对一个出生于一个假定的文明社会并且在其领土之中被养大的人说他可以移民,并在其他地方开始生活,如果他不喜欢当地的法律或者政府体系。这有多实际或公平?正如休谟说的那样:

> 我们能够严肃地说,当他不知道任何外国的语言或礼节,以及靠他所获得的微薄的工资来一天天地生活时,一个贫穷的农民或艺术家有离开他的国家的自由选择吗?我们不妨断言,由于仍然处在大海中的船上,一个人自由地同意那个船长的统治。
>
> 休谟1985

一个外国人选择居住在一个国家还是只是在这个国家中旅行这个立场有重大的差别,因为不管在哪一种情形中他都在事先有真正的选择,而在后一种情形中典型地他没有由于放弃游览而相对损失什么。但是,正如休谟指出的那样,虽然"一直被遵守的这种最真实的缄默同意,是当一个外国人定居在任何国家……然而他的忠诚比本国出生的国民更少地被期待或者取决于它,虽然他更为自愿"(休谟1985)。

我们可能提出的一个相关的问题是这样的。为什么应该假定,一个人主动享受一个国家的某些便利所可能包含的缄默同意就造成了一种尊重所有其法律和制度的适用于一切的义务？但是如果它没有造成这样一种全部义务，谁会准确地说出义务在任何给定的情形中能延伸多远呢？享受更多福利的人会缄默地同意遵守更多的法律吗？如果不是的话，那么根本没有得到好处的人要和获得巨大好处的人承受一样的广大义务吗？这似乎不公平。可能有人回应说，如果这对于洛克是一个困难的话，那么它对于休谟和哈特来说也是（而且更为直接的）一个困难，因为他们主张政治义务直接依靠共同利益的社会关系。然而，我们的首要关切是洛克的明确同意和缄默同意理论，总的来说，它似乎确实为政治义务的一般解释提供了一个多少有点脆弱的基础。

  在这种联系中重要的是要注意到，洛克没有把投票权用作"同意"的条件，因此也没有作为政治义务的条件。在他的理论中没有任何这样的含义，即由被统治者同意的政府必然包含被统治者自身参与政府的权利，甚至也没有通过选举程序来帮助决定政府的构成。然而，这里我们应该意识到洛克解释的历史语境和他本人的政治忠诚。洛克写作于一个这样的时代，当时只有具有某种地位的男性财产拥有者才能在议会选举中投票，他没有任何挑战那种安排的明显愿望（但是要知道另一个观点，见阿什克拉夫特1986，第556页及其后，和沃尔德伦2002，第115－119页）。如果我们挖掘到洛克的民主语言的表面之下，我们也许会在适当的地方发现更为保守的假设。现代的读者们可能怀疑，他关于合法政府需要依靠被统治者的同意这个听上去是自由的声明没有最初看上去的那样具有实际内容。然而，洛克的自由意志论是真诚的，而且在那个时代是大胆的，虽然现在它在某些方面似乎是过度胆怯和有限——对于我们当中那些有好运气生活在这种洛克的政治哲学帮助实现的民主国家里的人来说可能是这样。洛克对政治自由的勇敢的和原则性的辩护为他在英国政治思想史上赢得了仅次于霍布斯的地位：所有自由式民主的真正朋友心中的永恒地位。

洛克的财产和财产权理论

如果对于洛克来说使政府变得合法的东西是被统治者的同意,那么使其变得既可取又有利的东西就是它为个体的财产和财产权提供了保护。不管一个人是否同意他关于这一点的判断,必须承认的是,洛克对财产的解释就其自身来说是有趣的,并且影响了后来的政治理论家们,这种影响甚至延伸到今天。然而,重要的是从一开始就要意识到,洛克不仅在一种狭义的意义上使用"财产"这个术语,包括诸如物质所有物和土地这样的东西,而且也在一种广泛的意义上使用它,其中包括一个个体自己的人格和劳动:

> 每个人都拥有他自己的财产。这是除了他自己没有任何人可以得到的权利。他的身体的劳动,和他的双手的工作,我们可以说完全都是他的。
>
> 《政府论第二篇》,第 27 节

正如我们马上将会看到的那样,对于洛克来说,在财产的两个概念之间存在着一个重要的联系,因为他认为以物质所有物和土地形式的财产产生于一个人自己的人格和劳动之中的财产。但是无论如何应该强调,在这种情境中"财产"这个术语内涵(在 17 世纪的英国它曾被普遍地使用着)和今天的用法联系在一起的那些内涵有相当大的差异(见图利 1980)。

在这里回忆一下这一点很重要,即洛克的《政府论两篇》的写作明确地是为了反对罗伯特·费尔默爵士的观点,费尔默在他的《论父权制》(Patriarcha)中为绝对君主制和王权神授进行辩护。在《政府论第二篇》的论财产一章中,洛克不只是反驳费尔默的论点,即君主的财产权通过长子继承权产生——假定的第一个出生的儿子继承他的父亲的财产和所有物的权利——从上帝的原始的"礼物"泥土(earth)及其果实传到亚当和他的永久的后代。更为具体的是,洛克希望表明,即使——如他主张的那样——泥土被"共同地"给予人类,个体的以货物和土地(land)为形式的独有财产权如何能够不违背任何自然法,而且不需要任何普遍的同意或"契约"而产生呢?这后一个限制条件的意义是,洛克也关心对那个时代(尤其是由霍布斯)所提出的某些对立观点的反驳。按照霍布斯的观点,只有在文明社会形成之后甚至只有通过政治授权的适当形式,一切财产权才会必然地产生。然而,这不应该和先前提到的那个事实混淆,即洛克自己强调文明社会中的财产权是一件民事裁判权(civil jurisdiction)和"实在法"(positive law)的事情。他只想表明,个体的财产权能够完全很好地产生于自然状态中。

正如我刚才暗示的那样,洛克反对费尔默而主张,上帝源初给予了所有的人类泥土及其果实。言下之意是,在最初不存在任何独有的财产权,诸如那些据称是被授予亚当及其继承人们的财产权。对于这一点,洛克不仅诉诸于圣经的证据,而且也诉诸于"自然理性,它告诉我们(所有的)人……都有保存自身的权利,因此也有……自然为他们的生存所通过的这些东西"(《政府论第二篇》,第25章)。然而,他接着论证说,随后的以货物和土地形式的私有财产权的产生和所有自然资源的原始公共性是完全相容的。这个论证诉诸于他的这一论点,即每个人都拥有以他自己的身体和劳动形式的自然财产权。根据这一点,他断言:

> (一个人)从自然所提供的,及其所剩的状态中所剥离的……任何东西,他都掺入了其劳动,并且给它加上某些他自己的东西,从而使之成为他的财产……除了他,没有任何人可以拥有对(他的劳动)曾经与之结合之物的权利,至少在有足够多

的和同样好的东西共同留给他人之处是这样。

《政府论第二篇》,第 27 节

洛克这里的论证是,通过"混合"一个人的劳动和自然资源,这些自然资源还不是任何其他个体的独有财产——例如,通过在森林中的树上采集果实或者通过耕作处女地并给它播上种子——一个人从而开始拥有那种劳动产品中的独有财产权。

洛克的论证可能听上去非常奇怪,以至于它把"劳动"几乎当作是一种实体或材料,能够和诸如泥土和金属这样的物质实体相"混合",但是也许那就是他选词的古怪特征并且伴随着所包含的这种推理。更为令人烦恼的是,正如罗伯特·诺齐克指出的那样,为什么混淆一个人的劳动和无主的自然资源不应该是一种失去或浪费一个人的劳动的方式,而是一种获得无论因此产生的任何东西的方式,这并不是当下显然的(见诺齐克 1974,第 174 – 175 页)。如果这个观点认为通过混淆一个人的劳动和一个人因此典型地给它加上价值的某个东西,那么就像诺齐克也指出过的那样,为什么一个人应该有权利得到任何超过这个人所创造的增值价值(added value)的某个东西,这也不是显然的。无论如何,困难明显产生于这些情形中,其中不止一个人的劳动被花费在生产某些商品或者提高一块土地的价值,尤其是,当一个人或更多的人作为他或她的雇员而替这另外一个人工作。洛克似乎想当然地认为——也许因为他本人就是小贵族(minor gentry)中的一员,因此从童年时代就习惯于被仆人们所环绕——包括在"我的"劳动中的那个东西就是我可能雇佣的或者购买的任何劳动:

> 我的马所吃的草,我的仆人所修剪的草皮,以及我在任何我和其他人一样有权得到它们的地方所挖的矿石,都成为我的财产,而无需分配或任何人的同意。属于我的这种劳动把它们

从它们所处的共同状态(common state)中摆脱出来,从而将我的财产固定在它们之上。

《政府论第二篇》,第 28 节

但是如果我付给我的仆人他为我花费的劳动的全部价值,那么怎么可能会存在由他创造的任何剩余价值呢?如果不可能存在,那么似乎我能够通过雇佣一个仆人而获益只有通过我不公正地少付给他钱。后面我还会回到这个问题上来。

然而,洛克确实发表了一个有说服力的观点,当他说是劳动创造了任何商品的最大价值,以及"自然和地球",所以"虽然自然的事物共同给予,然而人(通过成为他自己的主人,他本人的人格的所有者,以及它的行动或劳动)自身仍然是财产的伟大基础"(《政府论第二篇》,第 44 章)。我们或许想在洛克这里的解释中看到后来成为饱受争议的"劳动价值论"的萌芽,这种理论由 19 世纪的共产主义者卡尔·马克思极为激进地加以使用。但是必须承认,洛克自己没有任何共产主义的倾向。的确,正如我们刚才看到的那样,正好相反。他的意图是为私有财产的存在进行辩护,无论这种财产是在自然状态中还是在文明社会中。

洛克给通过结合一个人的劳动和"被共同给予的"自然资源这种分配货物或土地的权利加上两条重要的限制。这里值得强调的是,洛克确实认为土地自身可以通过这种手段成为私有财产:

> 一个人耕作,种植,改良,栽培了多少土地,以及能够使用多少其产品,这些土地就成为他的财产。通过其劳动,他好像是从共同的土地那里圈来这些土地。

《政府论第二篇》,第 32 节

这两条限制是,第一,任何这样的分配都应该为其他人留下"足

够多的,和同样好的……"这个附加条款(《政府论第二篇》,第 27 章),第二,"损坏"(spoilage)限制:

> 为了有利于生命,任何人能够在某物损坏之前使用它,他就可以通过他的劳动在其中确定他的财产。超出这一点的任何东西就超过了他的份额,所以属于其他人。上帝所创造的任何东西都不是给人损毁或破坏的。
>
> 《政府论第二篇》,第 31 节

关于这两条限制及其相互之间的关系,许多争议还在继续。一些评论者们认为,损坏限制独立于关于"为其他人留下足够多的,和同样好的……"这个附加条款,没有任何实际的力量(按照惯例,我今后将只是称洛克附加条款(Lockean proviso)或者就是那个附加条款)。我们将会看到,虽然在这两条限制之间存在着这样一种依附性,但是这种损坏限制在洛克的这种尝试解释中的确扮演着一个重要角色,即一旦金钱被引入经济中个人财富中的巨大差异如何正当产生。

现在来谈洛克附加条款,显然,许多东西取决于"为其他人留下足够多的,和同样好的"这个短语作如何严格地解释。一些评论者们认为它意味着,其他人必须留给他们相似的分配"被共同给予的"自然资源的机会。然而,这会造成罗伯特·诺齐克所指出的困难,即它威胁禁止甚至第一个这样的分配(见诺齐克1974,第 176 页)。因为如果第 n 个希望分配的人由于这个附加条款而被禁止这么做,因为这样一种分配不会留下"足够多的,和……同样好的给他人",那么第 n−1 个人也会这样,因为他的分配会导致对第 n 个人的禁止。所以,就像诺齐克所说,这种禁止似乎正好又"回复"(zips back)到希望分配的第一个人那里。诺齐克本人因此暗示(而且的确采取了)这种附加条款的一个较弱的版本,按照这个版本,留下

"足够多的,和……同样好的给他人"的意思只是说不要恶化他们的处境。洛克本人可能理解三要以这些术语表达的这个附加条款,因为他提出了许多意见,大意是任何分配和耕作土地的人实际上通过这么做从其余的人那里获益,他说:

> 通过其劳动而把土地划归自己的人并不减少而是增加人类的共同储备(common stock)……那个圈了土地,并且从十英亩土地得到生活便利的人比他可以从一百亩荒废不用的土地中得到的更多,真的可以说,他给了人类九十英亩土地。
>
> 《政府论第二篇》,第 37 节

此外,洛克急于论证,甚至是世界的"文明化了的"地方,也绝没有对那些没有土地的人所做的自然的非正义,因为和如果没有它们他们可能的情形相比,他们的生活条件由于这些安排而得到了极大的提高。他说,的确,"一个拥有巨大而富饶的领土(在美洲)的国王吃、住、穿都比英国的一个日工(day labourer)还要差。"(《政府论第二篇》,第 41 节)

更为具体的是,正如我们马上会看得更全面的那样,洛克把这种事态——也就是,对所有可利用的土地的完整分配——和货币(money)的引入联系在一起。他暗示,这会导致对原始的"所有权规则"(rule of propriety)的合法悬置:

> 如果没有发明货币,以及人们赋予其价值的缄默同意,没有引入较大的财产以及对它们的权利,那么每个人都应该拥有的和能够利用的相同所有权规则便仍然是不变的,而不会限制任何人,因为世界上有足够多的土地来满足双倍居民的需要。
>
> 《政府论第二篇》,第 36 节

所有这些都暗示，洛克认为限制条款确实原始地意味着应该为其他人留下足够的和几乎一样的资源，但是一旦货币被引入以及市场经济出现，这个附加条款就被改变为这样一个要求，即由于自然资源的进一步分配没有任何人会受到损害。这里我们应该回忆一下，洛克的"所有权规则"毕竟只是一个派生的（derived）规则。也就是说，从保存一个人的生命这个根本权利派生出来的规则。因此，可能有人主张，如果这种权利在一个所有的土地都已经被分配的文明社会中比在自然状态中得到更好的支持，那么"所有权规则"在这些条件下就可以正当地被取消了。

人们广泛认为，洛克在《政府论第二篇》第5章中的主要关切是解释如果没有对自然法的任何侵犯以及独立于由普遍一致或共同同意所达成的任何政治安排，在他看来个人财富中的相当大的不平等是如何可能产生的。因此这些不平等如何在甚至是现存的社会中仍然是公正的（equitable），倘若没有任何政治一致确立相反的规则（但是如果要知道另一个观点，见图利1980）。对于洛克来说，这种可能性的关键在于货币的引入，他认为，货币在本质上取决于人民的缄默同意。这里，重要的是理解，洛克并没有认为文明社会和政治权威的存在是货币体系出现的一个必要条件，虽然它可能是在缺失时的某种原始的体系。对于洛克来说，货币在本质上是一个耐用品（durable article），人们同意使用它来作为交换的媒介——"某种人们可以保存而不要损坏的，以及经过共同同意的某种耐久的东西，人们用它来交换真正有用处的，但是会朽坏的生命支撑物。"（《政府论第二篇》，第47节）货币的耐用性使得人们可以积累财富，也就是说，购买力，而无需侵犯损坏限制。洛克明白，正是货币使个人财富中的大规模不平等得以产生——"这种货币的发明给了人们一个机会去……扩大他们的财产"（《政府论第二篇》，第48节），虽然他承认物物交换也能够导致这些不平等，即使只是在更小的规模上。这是事实，正如我们先前所见，洛克认为劳动是所有财富的最大来源。

  这个问题是要调和这两个观点:因为如果有人假设每个人都只有权利得到由他自己的劳动所产生的财富,那么就根本不清楚一个人如何能够比另一个人庞大地积累更多的财富,因为不同的人的劳动能力并不是显著地不同的。至少,部分答案在于"他自己的劳动"这个短语的歧义性。对于一个像洛克这样的理论家来说,它要么被认为意思是"他自己的身体的劳动",要么意思是"由他所拥有的劳动"。因为如果允许的话,正如洛克确实承认的那样,一个人的身体的劳动是一种可以让渡的商品,可以被另一个人所购买,于是就成为他的财产,一个人可以在原则上拥有许多人的身体的劳动。因此,虽然货币的引入就其本身而言不可能使一个人庞大地圈住或耕作比他自己能够耕种的更多的土地,但是它的确使他能够做到这一点,如果他也被允许用他的货币积蓄来购买许多其他人的身体的劳动。为什么洛克不承认,一个人的身体的劳动是可以让渡的呢? 可能有人会抱怨说,大土地所有者不公平地占有比他自己能够耕作的更多的土地而无需侵犯损坏限制,于是接着又通过以对他有利的价格购买其他人的劳动而加重这种不公平,这些人被阻止通过他的行动来分配这块土地的一部分。但是在他的辩护中有两件事情要讲。首先,正如我们先前所注意的洛克的话,可能有人指出这些劳动者实际上不可能会比他们作为独立的小佃农情况更糟,因为由大地产(large estates)使之变得可能的各种规模经济会以工资的形式让这些劳动者们比他们原希望通过自己的独立成果所挣得的更多。第二,大地主(或其先人)有可能只是逐渐地积累起他的财产,首先购买土地,然后是那些不怎么勤劳或有能力的人的劳动,而不违反洛克的限制条款。如果他从其先人那里继承了土地,而他们也是以这种方式进行的,那么按照洛克的原则这也似乎是他获得财产的一条合法的途径,除非文明社会制定了实在法来限制这些惯例——因为洛克并不认为自然法禁止赠品或者财产的遗赠,只要接受者没有违反损坏限制条款。也许,有人可能会极力主张,一个土地使用权和生产的合作体系会更公平些,同时还能够达到相同的规模经济。但是,对此有人可能回答说,洛克并没有排除文明社会通过实在法的手段鼓励这些安排的可能性,例如,通过使商品形式的财产和土地不可以继承这一点成为国家成员资格的条件。洛克关心的只是表明,这一点不违反自然法或文明社会的特性,即就其本身而论,个人财富中的大量不平等应该被允许。

然而,这仍然没有解决先前谈及的一个问题,即一个雇主如何可能从他的受雇者的劳动那里积累任何财富,如果他按照他们的劳动的真正价值支付他们的话。简而言之,这个雇主是如何从他们的工作榨出利润(profit)而无需不正当地"剥削"他们? 然而,看起来这至多只是一个问题,如果一个人提倡一种完全成熟的"劳动价值论"的话,按照这种理论,一件产品的"真正的"价值要用包含在生产它的劳动的总额来量化。洛克似乎并没有走得这么远,以至于采取这样一种理论——甚至当他说,例如,"当任何人计算过时,他就会看到,在多大程度上劳动创造了我们在这个世界上所享用的事物价值的最大部分。"(《政府论第二篇》,第 42 节)因为在这句话中没有任何东西暗示在一个商品的"价值"和需要生产它的劳动量之间存在一种严格的定量关系。的确,这里没有任何东西暗示,要么一件商品的"价值"是它的某种内在的、可量化的特征,要么劳动可以用客观的、可指明的单位来清楚地测量。

有时候有人暗示,作为一个辩护者,洛克的写作是代表 17 世纪英国的新兴的拥有财产的中产阶级,因此是一个早期现代资本主义的辩护士(例如,见麦克弗森 1962)。事实上,虽然众所周知洛克很注意他本人从租金和投资得来的相对不高的收入,但是从教养、教育和职业来说,他是小土地贵族和学术界的代表人物。试图在《政府论第二篇》的文本中读出任何隐秘的动机或者宣传目的,都是危险的,因为作为对费尔默狭隘的君主论的议定好的回应,它超出了其表面上明显的东西以及在其构成的当下条件中的东西。

反抗的权利和政治义务的局限性

在《利维坦》的第29章中,霍布斯引用了许多"学说"或"意见"。具体地说,他批评下面这些观点。(1)普通百姓有能力判断服从于民法的问题;(2)谨慎地拒绝遵守民法有时候是正当的;(3)君主权自身应该服从于民法;(4)私有财产应该免于国家的干预。另一方面,洛克至少含蓄地以某种形式支持所有的观点,并且非常明确地提倡和捍卫其中一些观点。这就是为什么他的政治理论可以正当地被描述为自由主义的,而与霍布斯的绝对主义形成对比的原因。

洛克给政府支配普通公民的权利加上了明确的限制,主张它们不能凌驾于个体的自然权利之上。正如他所说的那样,立法权

> 除了保存没有其他任何目的,因此决不能有权利消灭、奴役国民,或者有意使国民贫困。自然法的各种义务不会在社会中终止。
>
> 《政府论第二篇》,第135节

他断言,"绝对的任意权力,或者没有固定的常设法律而进行统治,二者都不可能和社会和政府的目标一致。"(《政府论第二篇》,第137节)。因此,他把对政府权威的限制看做是产生于原始"契约"的本质和目的,他假设相关各方参加这个契约只是为了保护他们的个体权利和自由。他的推理尤其延伸到个体的财产权,这也是为什么他主张,和霍布斯相反,政府永远没有权利不经同意而强占一个个体的私有货物、土地或金钱:

保护财产是政府的目标……然而,为了调节国民彼此之间的财产,它可以有权力来制定法律,然而在没有他们同意的情况下决没有权力为自己获取整体国民或任何一部分国民的财产。

《政府论第二篇》,第 138-9 节

因此,对于洛克来说,这种同意是合法征税的必然条件:

每个享受他那份保护的人都应该根据他的财产来支付维护它的比例,这是适宜的。但是,这仍然必须要经过他本人的同意,也就是说,大多数人的同意,要么由他们来给,要么由他们选举的代表来给。

《政府论第二篇》,第 140 节

所以,在这里我们就有了一个差不多一百年后被概括在美国独立战争的著名口号"无代表不纳税"(No taxation without representation)这个原则的明确陈述。

洛克详细地讨论了——可以理解,虽然带有一定程度上的谨慎,考虑到当时动荡的政治状况的话——这些条件,其中臣民们可以合法地利用暴力反抗来反对政府。他认为,只有当政府权力的滥用很明显而且很普遍,以至于政府已经丧失了所有的合法性要求时,甚至是,只有当合法补救的各种途径都被切断时,才可以授权诉诸于这种力量:"除了非正义的和不合法的力量外,力量不反对任何东西……(而且)仅仅是用在一个人被阻止诉诸于法律的地方。"(《政府论第二篇》,第 204-207 节)此外,洛克暗示,暴力反抗政府不能由一个个别的臣民按照他自己的解释来合法地进行,而只应该由集体被压迫人民所激发。他提议,这种反抗是允许的,

> 只要(政府的)非法的法案扩展到大多数人,或者如果损害和压迫……似乎威胁到所有人,而且他们的确相信他们的法律、以及和它们一起的他们的财产、自由和生命都处在危险中。
>
> 《政府论第二篇》,第 209 节

霍布斯的立场和洛克的立场之间的关键差别是,和霍布斯不一样,洛克认为一个政府由于滥用人民的信任而可能不再是合法的,于是自然状态又得以有效地复原,而"人民有权利继续他们的原始自由,并且(建立)一个新的合法的政府"(《政府论第二篇》,第 222 章)。但是谁来裁决这个政府是否真地滥用了人民的信任?在洛克看来,最终,还是人民自己:

> 谁来裁决君主或立法的法案是否和他们的信任相反?……我答复:人民将成为裁判……但是如果君主……拒绝那种决定的方式,那么除了向上天没有任何地方可以上诉。
>
> 《政府论第二篇》,第 240–242 节

关于人民的判断应该借以显现的方式,洛克相当模糊,但是很明显,他认为反抗一个压迫政府的起义或造反作为最后不得已的手段可以是正当的。实际上,这就是他所谓"诉诸于上天"(appeal to heaven)的意思。这是一个理由,即虽然《政府论两篇》最初的写作动机不是为了证明 1688 年的光荣革命的正确,但是洛克却能把它们宣传为是为了

> 建立我们的伟大复位者、我们的现任国王威廉的王权;凭借人民的同意而履行他的权利,这才是所有当中唯一的合法政府,他比任何基督教界的君主所拥有的更全面、更明白:为了向世界证明英国人民,他们热爱他们的正当的和自然的权利,决

心保护它们,当这个国家处于奴役和毁灭的边缘时拯救它。

《政府论第二篇》,序言

宗教宽容

在同一年里(1689年)《政府论两篇》出版了,洛克的几乎同样著名的第一封《关于宽容的信》,或者《论宽容的一封信》以拉丁文出版,题为 Epistola de Tolerantia,同时还有英文版。像《政府论两篇》一样,虽然它在几年前就大体上写好了(其后还有三封信,但是在这里我不讨论它们)。在第一封信中,洛克支持宗教宽容和政教分离。值得一提的是,他关于这些问题的观点比他在17世纪60年代认识莎夫茨伯利之前还要更加开明(见上面第1章)。

洛克在第一封信中的论证可以用下列术语来概括。首先,他诉诸文明社会的本质和目的来论证民事行政长官不应该审判关于宗教实践或仪式方面的事情,指出:

在我看来,联邦似乎是一个只为获得、保存和促进他们自己的公民利益而组成的人的社会。所谓公民利益,我指的是生命、自由、健康和身体的,以及对外部事物的占有,诸如钱、土地、房屋、家具,等等。

《论宽容的一封信》,第128页

他极力主张,"关怀灵魂不是民事行政官员(civil magistrate)的事情,就像不是其他任何人的事情一样"(《论宽容的一封信》,第129页),不管怎样,"他的(民事行政官员的)权力只存在于外部力量中,而真正的和拯救的宗教则存在于心灵的内部说服"(《论宽容的一封信》,第129页)。他也指出,全世界的宗教信念是如此的多样,所以要是民事行政官员合法地强制实施各种具体形式的宗教仪式,那么世界的大多数人口都将被谴责为实践一种错误的宗教,以至于危及他们自己的灵魂:"只有一个国家是正确的,而世界其余所有国家都有义务以会导致毁灭的方式追随他们的君主。"(《论宽容的一封信》,第130页)

洛克接下来考虑"教会"的本质是什么,他把这看做是:

> 一个属人的自发社会,他们出于对上帝的公共礼拜而自愿地结合在一起,这种方式他们认为对他来说是可接受的,而对拯救他们的灵魂来说也是有效的。
>
> 《论宽容的一封信》,第131页

根据这个定义,他断言虽然教会有权利驱逐没有坚持其已经确立的规则的成员,但是它没有任何权威将其审判权延伸至民事领域:

> 宗教社会的目的……是对上帝的公共礼拜……因此所有的教义都应该倾向于那个目的,所有的教会法律也应该被禁止。在这个社会中没有任何与公民物品(civil goods)和财产(worldly goods)的占有相关的东西能够被用来交易。这里没有任何力量可以利用,不管依据何种理由。
>
> 《论宽容的一封信》,第131页

以此方式支持政教分离,使它们的每一个都被限制于其自己的权威和活动的适当范围后,洛克就能够为宗教宽容进行辩护以及准确地解释在他看来宽容的义务可以延伸多远。他断言,首先,虽然宽容的义务不要求任何教会制止对其共同体的不驯服的成员的驱逐,但是"逐出教会没有,也不可能剥夺那个被开除教籍的人从前拥有的那些任何公民物品"(《论宽容的一封信》,第134页)。其次,他断言,"没有任何私人有权利以某种方式损害另一个人的公民享有物,就因为他属于另一个教会或宗教"(《论宽容的一封信》,第134页)。这里他强调,民事行政官员,作为一个特殊教会的成员,在这个方面和其他任何人没有什么不同,"因为公民政府不可能给予教会任何新的权利,教会也不可能给予公民政府这样的权力(《论宽容的一封信》,第135页)。他的总体结论是:

> 总之,任何人,任何单个人,任何教会,不,甚至联邦也没有任何正当的权利以宗教的借口来侵犯公民权以及彼此的财产。
> 《论宽容的一封信》,第135页

迄今为止洛克论证的一个假设是,在宗教的许多问题中,不可错的知识(infallible knowledge)是人类所得不到的。这种观点和他的更普遍的认识论学说完全一致。他当然完全意识到,他的许多更加独断的对手们在这一点上强烈不同意他的观点。然而,在反对他的对手们时,他还有一个让人信服的论证可以提供来支持宗教宽容,即没有任何人能够得到真宗教的拯救,如果他们不真诚地信仰它的话:

> 虽然行政官员的意见在宗教中是合理的,而且他所指定的方式真的是基督教的,然而,如果我在自己的心灵中没有被彻底地说服的话,那么对我来说追随它还是没有任何安全的。
> 《论宽容的一封信》,第135页

在引入良心问题后,洛克现在接着又提出一个重要的问题。他问:"如果这个行政官员通过他的权威来如果一个行政官员通过他的权威所命令的事情,对一个私人的良心来说却是不合法的,应该怎么办?"(《论宽容的一封信》,第155页)他的回答敏锐而细微,这一点从考虑这个问题的潜在引发争论的本质上就可以预期得到。一方面,他认为这样一个人应该遵循他的良心,但是必须接受这么做的合法惩罚,"因为,任何人对政治事务中制定的法律的私下判断,为了公众的利益,不会解除那项法律的义务,也不应该得到豁免(dispensation)"(《论宽容的一封信》,第155页)。然而,他接着说:

> 如果这个法律的确是关于不处于行政官员的权威范围的事情……在这些情形中人就没有反对自己的良心遵守那个法律的义务……行政官员的那个判断并没有给他把法律强加给他的国民的任何新权利,这既不是在政府的章程中授予他的,也不是人民的权力所授予的。
> 《论宽容的一封信》,第156页

天性使然,洛克坚定地把这个问题追问到底。他最后问道:

> 但是如果这个行政官员相信他有权利制定这些法律,而且它们是出于公众的利益的,而他的国民却相信相反的东西怎么办?谁来作他们之间的裁判?
> 《论宽容的一封信》,第156页

洛克直率地答复说:"我回答,只有上帝。"(《论宽容的一封信》,第156页)虽然他强调,每个人关心的义务首先是为了拯救他本人的灵魂,其次,他暗示,为了公众的安宁,在极端的情况下大众反对地方行政官员的造反可以被证明为正当的——这里回应了他在《政府论第二篇》中关于最终"诉诸于上天"的这句谨慎的话。

虽然心胸开阔,洛克还是给宗教宽容的程度设置了明确的限制。首先,他认为,对于那些煽动其成员颠覆国家和那些自身不承认宗教宽容的教会,我们没有宽容的义务。其次,他认为宽容不应该扩展至"这种教会……它是在这样一个起点上建立的,即所有参加它的那些人因此就事实而言都将自己交给了另一个君主(prince)来保护和服务"(《论宽容的一封信》,第158页)。这里一个含蓄的目标似乎是有教皇的罗马天主教——当时,教皇拥有广泛的政治影响——被看做是这样一个"君主"(但是见沃尔德伦2002,第218 - 223页)。最后,洛克认为宽容不应该扩展至无神论者,主要的理由是"那些人类社会纽带的承诺、契约和誓言对无神论者不可能起任何作用(《论宽容的一封信》,第158页)。这个论证似乎不怎么令人信服,尤其是对今天的读者来说。然而,这里我们也应该回忆一下,洛克主张信仰上帝不仅是信仰的事情,而且还是理性的事情,因为他认为上帝的存在能够得到理性的证明或论证。如果(且不管是对是错)他把无神论看做是非理性的,那么一个人至少可以理解为什么他认为我们没有任何义务去宽容它在人群中间的传播的企图,以至于伤害到任何一种宗教信念。我认为,仅仅在这一点上谴责洛克虚伪,也就是说,没有把宽容的权利扩展到无神论者,因为就其自身而言这种权利理所当然也是他们应得的东西,这是不公平的。我们现在生活在一个在很大程度上是世俗的社会中(部分地就是洛克所建议的政教分离的结果),我们不应该忘记洛克本人写作时的理智氛围、政治氛围和宗教氛围有多么的不同,以及当时宗教不宽容是多么的根深蒂固和广泛。我们现在生活在更加开明的时代,这在极大的程度上要归功于洛克本人的努力。

小 结

作为一位政治哲学家,洛克为代议制民主、尊重私有财产权、对政府权力的制度限制、政教分离和宗教宽容进行了有力的辩护,他把所有这些自由原则都建立在这一概念的基础上,即公民政府的唯一合法目的就是保护生命、自由和个体公民的财产,唯有他们才能通过其自由给予的同意来授予其统治权利。我们可能会找到一些洛克论证的细节之处的瑕疵，但是他的真诚以及他对个人自由的热情的承诺却是无可非议的。虽然很难精确地确定政治哲学对政治文化与后世的制度有什么影响，不过似乎可以公平地说，自由民主的原则在今天的世界上占主导，它们都在很大的程度上归功于洛克对它们的勇敢的和生动的辩护。

拓展阅读

Dunn, John 1969: *The Political Thought of John Locke* (Cambridge: Cambridge University Press).

Lloyd Thomas, David A. 1995: *Locke on Government* (London: Routledge).

Marshal, John 1994: *John Locke: Resistance, Religion and Responsibility* (Cambridge: Cambridge University Press).

Simmons, A. John 1992: *The Lockean Theory of Rights* (Princeton, NJ: Princeton University Press).

Simmons, A. John 1993: *On the Edge of Anarchy: Locke, Consent, and the Limits of Society* (Princeton, NJ: Princeton University Press).

Tully, James 1993: *An Approach to Political Philosophy: Locke in Contexts* (Cambridge: Cambridge University Press).

Yolton, John W. (ed.) 1969: *John Locke: Problems and Perspectives* (Cambridge: Cambridge University Press).

第七章 遗产和影响

我们应该怎样评价约翰·洛克在哲学史上的地位以及他对后代思想家们的影响？他的工作对社会有什么影响？这种影响是有益的吗？像这样的大问题吸引着人们去追问和尝试解答，但是，假设它们一定可以被解决，而且是以一种完全客观的方式被解决，则是一种幻觉。每一个后续的时代都会树立它自己的思想英雄，经常是为了证实它自身的偏见，而不是不偏不倚地承认为此目的而被选择的个别思想家的真实成就。毫不奇怪，过去哲学家的名声经常受到一个时代到下一个时代的风尚大势的影响。例如，大卫·休谟现在受到学院哲学家们的广泛崇敬，完全不是因为他的思想的怀疑主义、无神论的、和自然主义的倾向与近来的以及当前的哲学态度和科学态度相一致。这么说也许是对的,即在学院哲学家中休谟的声望现在多少仍旧高于洛克,虽然我认为这种平衡正在转移。但是这种情况并不总是如此,在过去的许多时候休谟的哲学大多不合时宜。然而,洛克却从未真正以这种方式过时过。思考为什么会这样是一件很有趣的事情。

一个重要的事实,我认为,就是洛克从未像休谟和许多其他哲学家(无论是大哲学家,还是小哲学家)们所做的那样渴望被作为一个聪明的或者机智的具有显著原创性的思想家来崇拜。因此,那些特别重视这些理智品质的哲学家经常倾向于把洛克视为他们的历史主题中的一个有价值的,但是在本质上平庸的人物。但洛克作为一个哲学家的真正伟大之处并不在于他尽其所能地去追求真理的决心,不管他的研究结果是否应该引导他采取或拒绝那些流行的断言。结果是,他的确提出的一些断言对于任何特定时代的流行思想家们来说都似乎是微不足道的明证性或者毫无希望的错误。然而,他的牢固的价值的征兆是,不同世代的流行思想家们典型地选择不同的洛克学说来批评,要么是因为其微不足道的显而易见,要么是因为其毫无希望的错误。当然,这取决于他们自身的偏好。因而,他们的断言彼此抵消。一种学说不可能轻易地既是微不足道的显而易见,又是毫无希望的错误。

每一个接下来的时代的严肃哲学家都会发现,在重新评价洛克的最伟大著作时他们发现了恰当理解我们自己的状况和我们栖居的世界以洞见极其重要事务的巨大宝库。因为我们有更好的条件来为现在而不是任何以前世代的哲学家代言,所以我将通过引用一些洛克哲学问题的著名案例(一些现代的解决方法仍然受惠于它们)来简要地描述这一事实。

例如,在知觉哲学中,洛克对第一性质(诸如形状和大小)以及第二性质(诸如颜色和味道)仍旧为今天的大多数讨论提供起点

(例如,见麦金 1983)。在语言哲学和科学哲学中,他对"实在的"和"名称的"的"本质区分"预示了当前所谓的自然种类属于的意义观点——即表示自然发生的实体类型的术语或生物有机体,诸如"金子"和"老虎"(见普特南 1975)。在形而上学中,是洛克为近来的关于经历时间的对象的持续性和个体的同一性的本质的争论(如,见帕菲特 1984,以及威金斯 2001)奠定基础,因为他是第一个清楚地看出这一点的哲学家,即在我们能够说某物在某一时间和地点存在是否与某物在另一时间和地点存在相同一之前,我们必须确定其同一性受质疑的事物是什么种类(见洛 1989)。

洛克思想的持续影响的其他重要例子可以见之于行动哲学和道德理论。近来,意志论得到了复兴。这种观点主张自主行动是由行为者的"意志行为"所引起的(例如,见吉内特 1990,以及麦坎 1998)。这种观点,再加上对永恒的自由意志和道德责任问题的重新注意——洛克的另一个主要关注点——导致工作在这个领域的现代哲学家们不断地增加对洛克观点的兴趣(见亚费 2000)。关于洛克的著名的自由思想的政治哲学也可以这么说。学者们对这一点复活的兴趣和洛克的这一观点的复兴有关系,即政治义务建立在那些自己服从于政府的人之间的一致同意或"契约"——这种一致同意是由当事的各方自由参与并同样加以遵守,包括那些手中被赋予了政府权威的人。如果没有理解其中对洛克作出的回应,那么 20 世纪后 30 年美国政治哲学家约翰·罗尔斯和罗伯特·诺齐克的极具影响力的著作也就不可得到恰当的理解(见罗尔斯 1972 与诺齐克 1974)。

我们也不应忘记认识论,洛克的最伟大著作《人类理解论》中的核心关切。洛克思想中的一个非常重要的统一要素是他对人类知识范围的相对温和的概念(尤其是在形而上学的问题中)。其中他结合了这样一种信念,即我们至少可以确定地建立一些关于数学和道德的真理。按照洛克的观点,这种确定性完全是理性和直觉的产物,但决不表示这些被讨论的原则的先天性。的确,他极其反对先天观念和原则的学说,斥其既无基础又有害处,而且,毫无疑问,许多他的同时代人都持这种学说。在很大程度上,对这些观点的结合有助于洛克在宗教事务中采取宽容以及坚持合法的民选政府依赖于被统治者的自由给予的同意。因为,如果像洛克假设的那样,所有的人都有非常相似的,但是他们又受到极其有限的认识能力以及从论证上来说我们每个人都有义务尽自己所能运用这些能力来判断相信什么或不相信什么,那么我们任何人都无法将自己的宗教信念强加给他人或者假意代别人判断他们的真正的政治利益所在(见沃特斯托夫 1996)。

顺便说一下,洛克对先天观念学说的反驳,虽然这让他与许多今天的认识论思维相一致,却又使其和一些语言学以及心理学中的最近观点相冲突,较为显著的是,那些在我们的语言-学习能力学说中发现证据的人(见乔姆斯基 1988)。然而,这些支持先天论——或者如现在经常所称的那样,"自然主义"——决不会不被反对(见柯威 1999),至少我们可以说,洛克对先天论和经验主义之争的贡献仍旧为许多当前的这些问题的讨论提供起点。无论如何,我们都不应该忘记,关于这些问题,在查尔斯·达尔文发展自然选择的现代进化论之前很久就已经写下了。因此,在一个先天观念和学说可能唯一被假定为有一个神圣的起源,这使它们的拥护者宣称它们具有不可挑战的地位,因为它们代表了上帝自己的训诫。现代理论语言学家们和进化论心理学家们支持的那种先天论十分不一样,他们在自己的科学著作中完全采纳了经验主义的方法论。很难说洛克本人会怎么评价他们的立场,这在他的17世纪同时代人中被略去了(进一步的讨论,见洛 1995,第 27-33 页)。

虽然洛克从未真正过时过,但是也出现过一些他被树立为某种稻草人靶子的时候,其学说,例如关于抽象的一般观念、语言的运作以及意志作用或意志行为被简单地概括以便为相反的观点提供一个容易的目标。幸运的是,这种轻率的做法现在大多成了过去的事情,而洛克作为一个严肃的和重要的哲学家的名声现在可能比从 18 世纪以来的任何时候都要高。这不应该有什么特别的惊讶之处,因为洛克对哲学问题的解决方法在许多方面与当代的做法保持一致。他对经验科学的尊重以及他对人类心灵能力的自然主义观点都证明了这种和谐。这里请回忆一下,洛克把自己描述为他那个时代的伟大科学家们如伊萨克·牛顿和罗伯特·波义耳的"清洁工"角色(见前第 2 章)。的确,虽然洛克在物理科学方面逊色于牛顿和波义耳,但是他本人也可以说是现代经验主义心理学之父,或者至少是祖父。他对词语的不信任使他在 20 世纪中叶这个流行用词语解决哲学问题,尤其是通过语言这个中介的时候不受欢迎。但是,它和许多关于人类心灵的发展及其认知能力的现代观点更加一致,搁置前面提到过的先天论不说。因此,就不可能再把洛克的思想优先于语言的假设驳斥为天真的和错误的了。甚至他的关于抽象曾经被猛烈地嘲笑过的一般观念的观点,现在也在一些对我们的知觉对象的范畴化和归类能力的现代心理学解释中找到了回应(见凯尔 1989)。

总而言之,要是我出于压力只用几句话来指出洛克著作中对一般的哲学和理智世界所具有的最持久影响力的那些方法,那么这就是我要说的话。洛克是哲学史上的重要人物,有助于形成人类心灵及其能力的自然主义概念,由此打开了通往现代经验主义心理学科学的发展之路。同时,他帮助产生了现代哲学——被理解为主要是包含了对我们自己的概念结构和假设的批判性研究——和经验主义科学,被视作由体系的实验方法以及对自然的中立观察所写成。当然,作为政治领域中的个人自由和宗教信仰事务中的宽容的首倡者,他也很杰出。在所有这些方面,洛克哲学都是启蒙和人类事务中的自由的主要力量,因此,就我的评价而言,它还是一支向善的主要力量。

术 语 表

先天知识(a priori knowledge):不依赖于经验证据的知识。

抽象的一般观念(abstract general idea):按照洛克的观点,指一类事物的观念,只包含对所有那种特殊事物都相同的观念的那些简单观念。

抽象(abstraction):根据洛克的观点,就是形成抽象的一般观念的精神过程。

行为者-因果关系(agent-causation):经由一个行为者或一个人的事件的因果关系。

属性(attribute):相同范畴或种类的所有实体都共有的一般特征,例如物质实体情形中的空间延伸。

赤裸的殊相(bare particular):既非一个特殊性质又非一个特殊物体的殊相,被认为没有任何自身的性质或属性。

布拉德雷倒退(Bradley's regress):无穷倒退;如果我们假设一个性质需要依附于物体,而拥有它又要通过性质和物体之间的关系,这样就明显产生了无穷倒退。

范畴属性(categorical property):一种属性,例如形状,它并不仅仅是拥有它的物体的倾向或能力。

相容论(compatibilism):意志自由可以和普遍的因果决定论相容这样一个学说。

共在(compresence):同一种对象的不同属性的共存。

概念(concept):思想的组成部分,通过它包含着它的思想就是关于某个东西或某种东西的思想。

证明(demonstration)：从其前提为确定的真理得出的有效推演的论证。

决定论(determinism)：主张每一个事件都被在前的事件所决定的学说。

反常因果链(deviant causal chain)：把以某种方式去行动的意向或意志作用和无意向的或非自主的那种行动联系在一起——尽管有那种联系——的因果链。

直接实在论(direct realism)：认为外在的对象是直接地被知觉到的，而不是间接地通过内在的精神对象而知觉这一学说。

推论性思维(discursive thought)：前后相继并且在句法上以语言的或准语言的方式构造的思想。

倾向(disposition)：一个物体以某种特别的方式去行动的能力。

动力因果关系(efficient causation)：通过某物产生一个事件或者维持一个事态。

经验主义的（empirical）：和经验有关或者包含着经验。

经验主义(empiricism)：主张不存在任何不以某种方式依赖于经验的知识的学说。

存在体(entity)：的确存在，或者可能存在的任何种类的东西。

事件-因果关系(event-causation)：经由一个或更多其他事件引起的事件的因果关系。

观念(idea)：对洛克来说，指的是思想或经验的组成部分，它要么是简单的，要么其自身也由其他的观念构成。

观念论(idealism)：这一学说认为，除了心灵和观念外不存在任何东西，其中观念构成了心灵的思想和经验。

观念主义(ideationism)：主张思想是由观念组成，词语的首要功能是用作观念的符号这一学说。

影像(image)：以图像或准图像形式表现的表象。

个体主义(individualism)：主张个体的人其个体性不依赖于任

何文明社会或者他们所属的共同体这一学说。

先天论(innatism)：主张心灵在出生时先于任何一种经验就具有某些观念或某些原则的知识这种学说。

意向性(intentionality)：思想和经验所拥有的具有或关于不同于这些思想和经验的事物的属性。

直觉(intuition)：直接理解一个命题的确定真理性的精神活动，或者参与这些活动的精神能力。

劳动价值论(labour theory of value)：主张商品的真正价值决定于生产它所需要的劳动量这一学说。

思想的语言(language of thought)：一种准语言的符号体系，按照一些哲学家的观点，所有的人类思想都是由心灵或大脑所构建的。

自然法(law of nature)：在政治哲学中，指的是建立在理性之上的行为规则，它拥有独立于任何由政治权威所建立的法律的力量。

自由意志论(libertarianism)：在行动哲学中，指我们的自由选择并不是被在先的事件因果地决定的学说；在政治哲学中，则是指政府必须尊重和保护其个别公民的某些根本的自由的学说。

洛克附加条件(Lockean proviso)：洛克的规定，即在分配无人认领的自然资源时，我们应该为其他人留下"足够的和一样好的东西"。

样式(mode)：一种特殊的性质或属性，诸如一个物体的特殊颜色或形状。

先天论(nativism)：天赋论的现代对应词或版本。

自然种类(natural kind)：一种自然发生的事物或材料，诸如橡树、老虎和金子这些种类。

自然权利(natural right)：人们所拥有的独立于任何他们所属的文明社会的立法权的权利。

必要条件(necessary condition)：指这样一种条件，如果缺少它一个给定的事件或事态就肯定不会发生或得到。

名义本质(nominal essence):对洛克来说,就是一种抽象的一般观念,据其我们将事物划分到某一类,这种类则以某种总称与其它类区别开来。

唯名论(nominalism):主张只有殊相存在而一般的名称并不是共相的名称这一学说。

对象(object):拥有各种属性或性质的存在体。

本体论的(ontological):和存在有关或者和存在的东西有关。

殊相(particular):独一无二的且不可重复的存在体,和共相不一样。

知觉对象(percept):知觉经验的组成部分。

多元性(plurality):在现代形而上学中,指多重的事物,诸如我们太阳系的行星,或者英国的多铎王朝。

能力(power):一个物体以某种特别的方式去行动或运作的倾向或能力(capacity)。

第一性质(primary quality):像形状这种性质,物质对象拥有这种性质是与物质对象和其他事物的关系无关的。

心理主义(psychologism):主张逻辑的语言学意义或规则有一个心理学的基础的学说。

实在本质(real essence):按照洛克的观点,就物质实体这种情形而言,就是其内在的原子构成或结构。

反证法(reductio ad absurdum):通过与公认的真理一起表明它如何产生矛盾或其他的荒谬性,证明一个断言为假的演绎论证。

反省(reflection):洛克的术语,今天称作内省(introspection),指心灵注意自身的状态及其活动的精神过程。

被关系者(relatum):某种关系所获得的存在体中间的任何一个(复数为 relata)。

经院主义(scholasticism):受亚里士多德著作激发的中世纪哲

学,极为关注如何把形而上学的和逻辑的学说应用于神学问题。

第二性质(second quality):像红或苦这样的性质或属性,这种性质或属性被归之于对象,至少部分是由于它们影响我们的感觉的方式。

语义学(semantics):语言意义的研究或科学。

类术语(sortal term):一类对象或一种材料的名称。

君主(sovereign):文明社会中的至高无上的政治权威。

损坏限制(spoilage limitation):按照洛克的观点,这个原则否认我们有损坏或去浪费的财产权。

自然状态(state of nature):人们不受任何政治权威或公民法影响的实际状态或假设状态。

实体(substance):一个自我持存的物体或属性的承担者;或者,一种物质材料,如金子或水。

实体-因果关系(substance-causation):经由实体的事件因果关系。

基质(substratum):属性的承担者或支撑者。

充分条件(sufficient condition):指这样一种条件,即如果它存在则给定的事件或事态保证会发生或得到。

句法的(syntactical):和语言的形式的或语法的特征或结构有关的。

转义(trope):在现代形而上学中,指任何物体的一种样式或者特殊的属性。

共相(universal):可重复的并且可能是许多不同的个体所共有的特征或特性。

意志作用(volition):意志活动或运用的精神事件。

意志论(volitionism):指我们所有的自主行动都包含着并且来自于意志作用这一学说。

参考文献

洛克的著作

Correspondence of John Locke, The, 8 volumes, ed. E. S. de Beer (Oxford: Clarendon Press, 1976–89).

Epistola de Toleratia/A Letter on Toleration, ed. R. Klibansky, trans. J. W. Gough (Oxford: Clarendon Press, 1968).

Essay Concerning Human Understanding, An, ed. P. H. Nidditch (Oxford: Clarendon Press, 1975).

Essay on the Law of Nature, ed. W. von Leydon (Oxford: Clarendon Press, 1954).

Letter Concerning Toleration, A, in The Second Treatise of Government and A Letter Concerning Toleration, ed. J. W. Gough, 3rd edn (Oxford: Blackwell, 1966).

Letter to the Right Rev. Edward Lord Bishop of Worcester, A, in The Works of John Locke, Volume IV (London: Thomas Tegg, 1823).

Resonableness of Christianity, The, ed. J. C. Higgins–Biddle (Oxford: Clarendon Press, 1999).

Some Thoughts Concerning Education, ed. J. W. & J. S. Yolton (Oxford: Clarendon Press, 1989).

Two Tracts on Government, ed. P. Abrams (Cambridge: Cambridge University Press, 1967).

Two Treatises of Government, ed. P. Laslett, 2nd edn (Cambridge: Cambridge University Press, 1967).

Works of John Locke, The, 10 volumes (London: Thomas Tegg, 1823).

其他作者的著作

Alexander, Peter 1985: *Ideas, Qualities and Corpuscles: Locke and Boyle on the External World* (Cambridge: Cambridge University Press).

Alston, William & Bennett, Johnathan 1988: "Locke on People and Substances", *Philosophical Review* 97, pp. 25 – 46.

Ashcraft, Richard 1986: Revolutionary Politics and Locke's Two Treatise of Government (Princeton, NJ: Princeton University Press).

Ashworth, E. J. 1981: "'Do Words Signify Ideas or Things?' The Scholastic Sources of Locke's Theory of Language", *Journal of the History of Philosophy* 19, pp. 299 – 326.

Ashworth, E. J. 1984: "Locke on Language", *Canadian Journal of Philosophy* 14, pp. 45 – 73.

Ayers, Michael 1975: "The Ideas of Power and Substance in Locke's Philosophy", *Philosophical Quarterly* 25, pp. 1 – 27, reprinted in revised form in I. C. Tipton (ed.), Locke on Human Understanding (Oxford: Oxford University Press).

Ayers, Michael 1991: *Locke* (London & New York: Routledge).

Ayers, Michael 1994: "The Foundations of Knowledge and the Logic of Substance: The Structure of Locke's General Philosophy", in G. A. J. Rogers (ed.), *Locke's Philosophy: Content and Context* (Oxford: Clarendon Press).

Bennett, Jonathan 1987: "Substrum", *History of Philosophy Quarterly* 4, pp. 197 – 215.

Berkeley, George 1949: *Alciphron; or, the Minute Philosopher*, in *The Works of George Berkeley, Bishop of Cloyne*, 9 volumes, ed. T. E.

Jessop & A. A. Luce (London: Thomas Nelson & Sons).

Berkeley, George 1975: *Philosophical Works*, ed. M. R. Ayers (London: Dent).

Butler, Joseph 1975: "Of Personal Identity", in J. Perry (ed.), *Personal Identity* (Berkeley and Los Angeles: University of California Press).

Campbell, Keith 1990: *Abstract Particulars*, (Oxford: Blackwell).

Chappell Vere 1994a: "Locke on the Freedom of the Will", in G. A. J. Rogers (ed.), *Locke's Philosophy: Content and Context* (Oxford: Clarendon Press).

Chappell Vere 1994b: *The Cambridge Companion to Locke* (Cambridge: Cambridge University Press).

Chappell Vere (ed.) 1998: *Locke* (Oxford: Oxford University Press).

Chomsky, Noam 1988: *Language and Problems of Knowledge* (Cambridge, MA: MIT Press).

Clarke, Randolph 2003: *Libertarian Accounts of Free Will* (New York: Oxford University Press).

Cowie, Fiona 1999: *What's Within? Nativism Recosidered* (New York: Oxford University Press).

Cranston, Maurice 1957: *John Locke: A Biography* (London: Longman).

Cromer, Richard F. 1991: *Language and Thought in Normal and Handicapped Children* (Oxford: Blackwell).

Cummins, Denise Dellarosa and Allen, Colin (eds) 1998: *The Evolution of Mind* (New York: Oxford University Press).

Davidson, Donald 1980: "Freedom to Act", in his *Essays on Ac-*

tions and Events (Oxford: Clarendon Press).

Descartes, Rene 1984: *The Philosophical Writings of Descartes*, ed. J. Cottingham, R. Stoothoof &D. Murdoch (Cambridge: Cambridge University Press).

Dunn, John 1969a: "The Politics of Locke in England and America in the Eighteenth Century" in J. W. Yolton (ed.), *John Locke: Problems and Perspectives* (Cambridge: Cambridge University Press).

Dunn, John 1969b: *The Political Thought of John Locke* (Cambridge: Cambridge University Press).

Filmer, Robert 1991: *Patriarcha and Other Writings*, ed. J. P. Sommerville (Cambridge: Cambridge University Press).

Foder, Jerry A. 1975: *The Language of Thought* (New York: Crowell).

Frege, Gottlob 1953: *The Foundations of Arithmetic*, trans. J. L. Austin, 2nd edn (Oxford: Blackwell).

Fuller, Gary, Stecker, Robert and Wright, John P. (eds) 2000: *John Locke: An Essay Concerning Human Understanding in Focus* (London & New York: Routledge).

Ginet, Carl 1990: *On Action* (Cambridge: Cambridge University Press).

Guyer, Paul 1994: "Locke's Philosophy of Language", in Vere Chappell (ed.), *The Cambridge Companion to Locke* (Cambridge: Cambridge University Press).

Hacking, Ian 1975: *Why Does Language Matter to Philosophy?* (Cambridge: Cambridge University Press).

Hall, Roland (ed.) 1970 – 2000: *The Locke Newsletter*.

Hall, Roland (ed.) 2000 – : *Locke Studies*.

Hall, Roland & Woolhouse, Roger 1983: *Eighty Years of Locke*

Scholarship (Edinburgh: Edinburgh University Press).

Harris, Ian 1998: *The Mind of John Locke*, revised edn (Cambridge: Cambridge University Press).

Hart, H. L. A. 1984: "Are There Any Natural Rights?", in J. Waldron (ed.), *Theroies of Rights* (Oxford: Oxford University Press).

Hobbes, Thomas 1996: *Leviathan*, ed. R. Tuck (Cambridge: Cambridge University Press).

Hornsby, Jennifer 1980: *Actions* (London: Routledge & Kegan Paul).

Hume, David 1978: *A Treatise of Human Nature*, ed. L. A. Selby-Bigge & P. H. Nidditch (Oxford: Clarendon Press).

Hume, David 1985: "Of the Original Contract", in his *Essays Moral, Political and Literary*, ed. E. F. Miller (Indianapolis, IN: Liberty Classics).

James, William 1890: *Principles of Psychology*, (New York: Henry Holt & Co).

Jolley, Nicolas 1999: *Locke: His Philosophical Thought* (Oxford: Oxford University Press).

Kant, Immauel 1929: *Critique of Pure Reason*, trans. N. Kemp Smith (London: Macmillan).

Keil, Frank C. 1989: *Concepts, Kinds, and Cognitive Development* (Cambridge, MA: MIT Press).

Kim, Halla 2003: "Locke on Innatism", *Locke Studies* 3, pp. 15-39.

Kosslyn, Stephen M. 1990: 'Mental Imagery", in Daniel N. Osherson et al. (eds), *Visual Cognition and Action* (Cambridge, MA: MIT Press).

Krezmann, Norman 1968: "The Main Thesis of Locke's Semantic Theory", *Philosophical Review* 77, pp. 175 – 96.

Leibniz, G. W. 1981: *New Essays on Human Understanding*, trans. P. Remnant & J. Bennett (Cambridge: Cambridge University Press).

Lloyd, Thomas, David A. 1995: *Locke on Government* (London: Routledge).

Losonsky, Michael 1994: "Locke on Meaning and Signification", in G. A. J. Rogers (ed.), *Locke's Philosophy: Content and Context* (Oxford: Clarendon Press).

Lowe, E. J. 1986: "Necessity and the Will in Locke's Theory of Action", *History of Philosophy Quarterly* 3, pp. 149 – 63, reprinted in Udo Thiel (ed.), *Locke: Epistemology and Metaphysics* (Aldershot: Dartmouth, 2002).

Lowe, E. J. 1989: *Kinds of Being: A Study of Individuation, Identity and the Logic of Sortal Terms* (Oxford: Blackwell).

Lowe, E. J. 1995: *Locke on Human Understanding* (London & New York: Routledge).

Lowe, E. J. 1996: *Subjects of Experience* (Cambridge: Cambridge University Press).

Lowe, E. J. 1998: *The Possibility of Metaphysics: Substance, Identity, and Time* (Oxford: Clarendon Press).

Lowe, E. J. 2000: *An Introduction to the Philosophy of Mind* (Cambridge: Cambridge University Press).

Lowe, E. J. 2002: *A Survey of Metaphysics* (Oxford: Oxford University Press).

Macpherson, C. B. 1962: *The Political Theory of Possessive Individualism: Hobbes to Locke* (Oxford: Oxford University Press).

Magri, Tito 2000: "Locke, Suspension of Desire, and the Remote Good", *British Journal for the Philosophy of History* 8, pp. 55 – 70, reprinted in Udo Thiel (ed.), *Locke: Epistemology and Metaphysics* (Aldershot: Dartmouth, 2002).

Marshall, John 1994: *John Locke: Resistance, Religion and Responsibility* (Cambridge: Cambridge University Press).

Martin, C. B. 1980: "Substance Substantiated", *Australasian Journal of Philosophy* 58, pp3 – 10.

McCann, Edwin 1994: "Locke's Philosophy of Body", in Vere Chappell (ed.), *The Cambridge Companion to Locke* (Cambridge: Cambridge University Press).

McCann, Hugh J. 1998: *The Works of Agency: On Human Action, Will, and Freedom* (Ithaca, NY: Cornell University Press).

McCracken, Charles J. 1983: *Malebranche and British Philosophy* (Oxford: Clarendon Press).

McGinn, Colin 1983: *The Subjective View: Secondary Qualities and Indexical Thoughts* (Oxford: Clarendon Press).

Miller, Alexander 1995: "Lowe's Locke on Human Understanding", *The Locke Newsletter* 26, pp. 141 – 55.

Morgan, Michael J. 1977: *Molyneux's Questions: Vision, Touch and the Philosophy of Perception* (Cambridge: Cambridge University Press).

Noonan, Harold 2003: *Personal Identity*, 2nd edn (London & New York: Routledge).

Nozick, Robert 1974: *Anarchy, State and Utopia* (Oxford: Blackwell).

Ott, Walter R. 2004: *Locke's Philosophy of Language* (Cambridge: Cambridge University Press).

Parfit, Derek 1984: *Reasons and Persons* (Oxford: Clarendon Press).

Putnam, Hilary 1975: "The Meaning of 'Meaning'", in his *Mind, Language and Reality* (Cambridge: Cambridge University Press).

Rawls, John 1972: *A Theory of Justice* (Oxford: Oxford University Press).

Reid, Thomas 1975: "Of Mr Locke's Account of Personal Identity", in J. Perry (ed.), *Personal Identity* (Berkeley and Los Angeles: University of California Press).

Rogers, G. A. J. (ed.) 1994: *Locke's Philosophy: Content and Context* (Oxford: Clarendon Press).

Sidney, Algernon 1996: *Discourses Concerning Government*, ed. T. G. West (Indianapolis, IN: Liberty Fund).

Simmons, A. John 1992: *The Lockean Theory of Rights* (Princeton, NJ: Princeton University Press).

Simmons, A. John 1993: *On the Edge of Anarchy: Locke, Consent, and the Limits of Society* (Princeton, NJ: Princeton University Press).

Stewart, M. A. (ed.) 2000: *English Philosophy in the Age of Locke* (Oxford: Clarendon Press).

Taylor, Daniel M. 1970: *Explanation and Meaning* (Cambridge: Cambridge University Press).

Thiel, Udo (ed.) 2002: *Locke: Epistemology and Metaphysics* (Aldershot: Dartmouth).

Tipton, Ian C. (ed.) 1977: *Locke on Human Understanding* (Oxford: Oxford University Press).

Tully, James 1980: *A Discourse on Property: John Locke and his*

Adversaries (Cambridge: Cambridge University Press).

Tully, James 1993: *An Approach to Political Philosophy: Locke in Contexts* (Cambridge: Cambridge University Press).

Waldron, Jeremy 2002: *God, Locke, and Equality: Christian Foundations in Locke's Political Thought* (Cambridge: Cambridge University Press).

Wiggins, David 2001: *Sameness and Substance Renewed* (Cambridge: Cambridge University Press).

Williams, D. C. 1966: *Principles of Empirical Realism* (Springfeild, II: Charles C. Thomas).

Wittgenstein, Ludwig 1958: *Philosophical Investigation*, trans. G. E. M. Anscombe (Oxford: Blackwell).

图书在版编目（CIP）数据

洛克/（英）洛著；管月飞译．—北京：华夏出版社，2013.1
书名原文：Locke
ISBN 978-7-5080-7454-2

Ⅰ.①洛… Ⅱ.①洛…②管… Ⅲ.①洛克，J.（1632～1704）—哲学思想—研究 Ⅳ.①B561.24

中国版本图书馆 CIP 数据核字(2013)第 013498 号

Locke/ by E.J.Lowe / ISBN:978-0-415-28348-5
Copyright@ 2005 by Routledge.
Authorised translation from the English language edition published by Routledge, a member of the Taylor & Francis Group. Copies of this book sold without a Taylor & Francis sticker on the cover are unauthorized and illegal.

本书中文简体翻译版授权由华夏出版社独家出版并限在中国大陆地区销售。未经出版者书面许可，不得以任何方式复制或发行本书的任何部分。本书封面贴有 Taylor & Francis 公司防伪标签，无标签者不得销售。

版权所有 翻印必究
北京市版权局著作权合同登记号：图字 01-2011-0897

洛克

作　　者	［英］爱德华·乔纳森·洛　　译者　管月飞
责任编辑	罗　庆　李青川
出版发行	华夏出版社
经　　销	新华书店
印　　刷	北京建筑工业印刷厂南厂
装　　订	三河市万龙印装有限公司
版　　次	2013 年 1 月北京第 1 版
	2013 年 5 月北京第 1 次印刷
开　　本	880×1230　　1/32 开
印　　张	7
字　　数	182 千字
定　　价	29.00 元

华夏出版社 地址：北京市东直门外香河园北里 4 号　　邮编：100028
网址：www.hxph.com.cn　　电话：（010）64663331（转）
若发现本版图书有印装质量问题，请与我社营销中心联系调换。